パパッとできる！

先生と保護者のための

プリント&イラスト集

Word 2003/2007/2010対応

カラー・モノクロ両収録

primary inc., 著

SE SHOEISHA

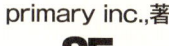

CONTENTS

本書の見方と使い方 …………………… **P.004**

Wordでの作業を始める前に ………… **P.006**

本書付属CD-ROMについて ………… **P.008**

Chapter 01　Template

テンプレート …………………………………………………………………… **P.009**

01 日々のおたより

学級だより(低学年向け) …………… **P.010**	給食だより ……………………………… **P.026**
学級だより(高学年向け) …………… **P.014**	保健だより ……………………………… **P.028**
学年だより(低学年向け) …………… **P.018**	PTA通信 ………………………………… **P.030**
学年だより(高学年向け) …………… **P.022**	

02 学校行事の配布物

入学式 …………………………………… **P.032**	家庭訪問・授業参観・面談 ………… **P.044**
卒業式 …………………………………… **P.036**	校内運動 ………………………………… **P.046**
春休み・夏休み・冬休み …………… **P.040**	保護者会・懇親会 …………………… **P.048**
遠足・社会科見学・修学旅行 ……… **P.042**	

03 学校・地域行事の配布物

運動会 …………………………………… **P.050**	教室 ……………………………………… **P.062**
文化祭 …………………………………… **P.053**	クラブだより …………………………… **P.064**
大会・お祭り …………………………… **P.056**	部員募集 ………………………………… **P.066**
お楽しみ会 ……………………………… **P.060**	

※サンプルで紹介している内容は一例です。アレンジすることでさまざまな配布物に使用できます。イラストが挿入されているものは、ほかのイラストに変更（P.115参照）するか、必要のない場合には削除（P.113参照）、または写真に変更（P.116参照）するなど、自由にアレンジしてください。

Chapter 02 Illustration
イラスト素材　P.067

子どもの生活	P.068
動物・虫	P.083
干支・星座	P.085
乗り物・建物	P.086
学校・家庭で使う物	P.087
季節のワンポイント	P.091
食べ物	P.093
植物	P.095
文字	P.096
飾りケイ	P.099
フレーム・プレート	P.102
背景	P.105

Chapter 03 How to use template&illustration
テンプレート／イラストサンプルを活用しよう　P.107

テンプレートを開く／保存する	P.108
テキストをアレンジ／追加する	P.109
イラストをアレンジする	P.113
写真の挿入と加工をする	P.116
テキストデザインをアレンジする	P.117
図形を活用する	P.120
表の挿入とアレンジをする	P.122
プリンタで印刷する	P.124
こんなときどうする？	P.126

本書の見方と使い方

本書で紹介しているおたよりやポスターのデザイン、イラスト素材などはすべて付属のCD-ROMに収録されています。まずは、本書で使いたいデザインを決め、CD-ROMのデータを開きましょう。なお、本書ではWordで作成されたサンプルファイルを「テンプレート」と呼びます。また、本書で紹介するテンプレートは、すべてA4サイズに合わせて作成されています。

Chapter 01　テンプレートのカタログ

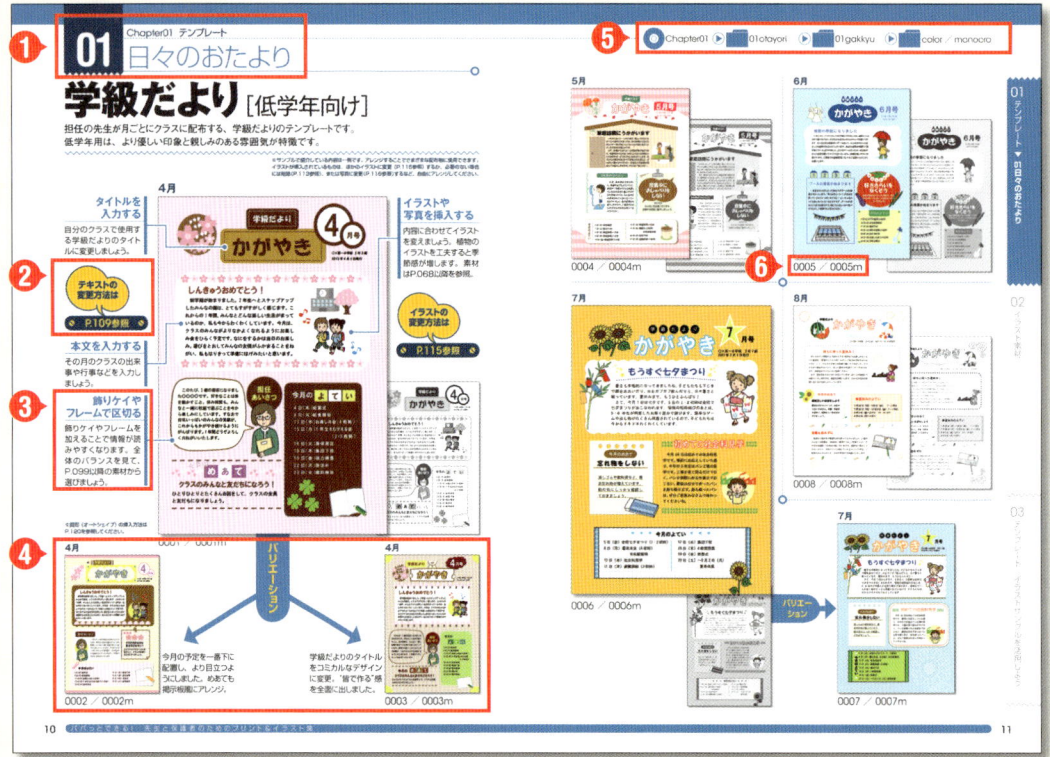

❶ 作例の種類
目的別や種類別など、テンプレートをカテゴリごとに分けているので、作りたい作例がすぐに見つかります。

❷ 操作解説への案内
Wordでの変更方法や挿入方法を解説しているページへの案内です。

❸ アレンジのヒント
テンプレートをアレンジする際のポイントを紹介しています。

❹ バリエーション
デザインを少し変えたバリエーション違いの作例です。アレンジの内容も紹介しています。

❺ ファイルの収録場所
本書付属CD-ROMに素材が収録されているフォルダ名を示しています。なお、CD-ROMのフォルダ構成については、P.008を参照してください。

❻ ファイル名
このファイル名をもとに、本書付属CD-ROMからテンプレートを探します。

注意 テンプレートで使用している写真は、本書付属CD-ROMには収録されていません。各自で用意した写真を配置してください。

本書で紹介しているテンプレート　　本書付属CD-ROMに収録されているWordファイル

Chapter 02 イラスト素材

❶ジャンル名
イラスト素材はジャンル別に分類されています。

❷ファイルの収録場所
本書付属CD-ROMに素材が収録されているフォルダ名を示しています。

❸ファイル名
このファイル名をもとに、本書付属CD-ROMからイラスト素材を探します。

カラー版とモノクロ版について

本書で紹介するテンプレートとイラスト素材は、すべてカラー版とモノクロ版の2種類が収録されています（誌面に掲載されていない場合もモノクロ版は収録されています）。モノクロ版はファイル名の末尾に「m」がついています。モノクロでプリントする際は、モノクロ版を使用する方が断然きれいに仕上がりますが、それでも上手にプリントできない場合は、P.127「モノクロ印刷がうまくできない」を参照してください。

Wordでの作業を始める前に

本書では、操作の手順は主にWord 2010の画面で説明していますが、Word 2007/2003も補足的に説明しています。まずは、Word画面の名称や表示の設定を行っておきましょう。また、必要に応じてP.107「テンプレート／イラストサンプルを活用しよう」を参照してください。

Word 2010の画面各部の名称

本書では、Word 2010の操作画面の各部分を以下の名称で説明しています。

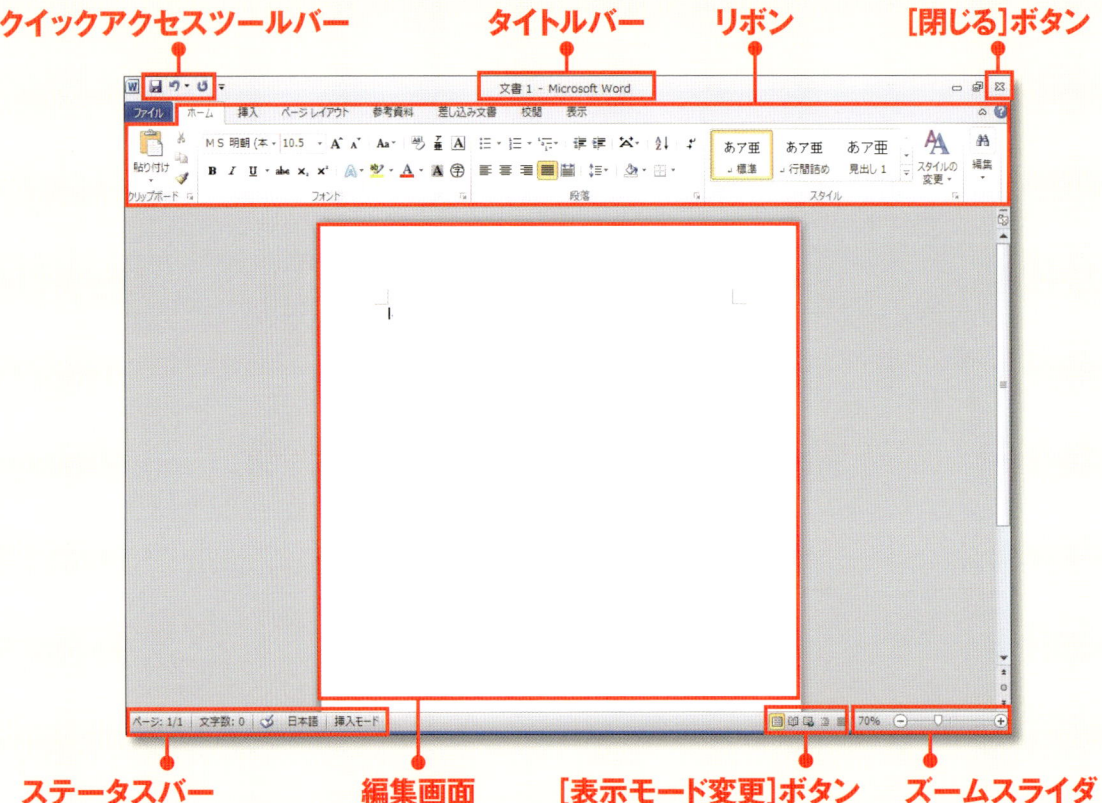

クイックアクセスツールバー　タイトルバー　リボン　[閉じる]ボタン

ステータスバー　編集画面　[表示モード変更]ボタン　ズームスライダ

Word 2003の場合

Word 2003は、Word 2010のデザインと大きく異なっています。Word 2003にはリボン機能がなく、「メニュー」と「ツールバー」を使用して作業を行います。Word 2003とWord 2010での使用方法の違いについては、MicrosoftのWebサイト「Word 2010：メニューからリボンへのインタラクティブ ガイド」も参考にしてください。

Office 2010でのメニューやツールバーコマンドの場所

http://office.microsoft.com/ja-jp/word-help/HA101794130.aspx?CTT=5&origin=HA101631587

※「Wordのガイドを開く」をクリックすると、ガイドが始まります。

リボンの操作方法

Word 2007から導入された「リボン」の操作方法を説明します。リボンはWord 2003以前のユーザーにとってはとまどうことが多い機能ですが、慣れると直感的に操作できるようになります。

> **Word 2007の場合**
> 「ファイル」タブの変わりに[Office]ボタンが配置されています。

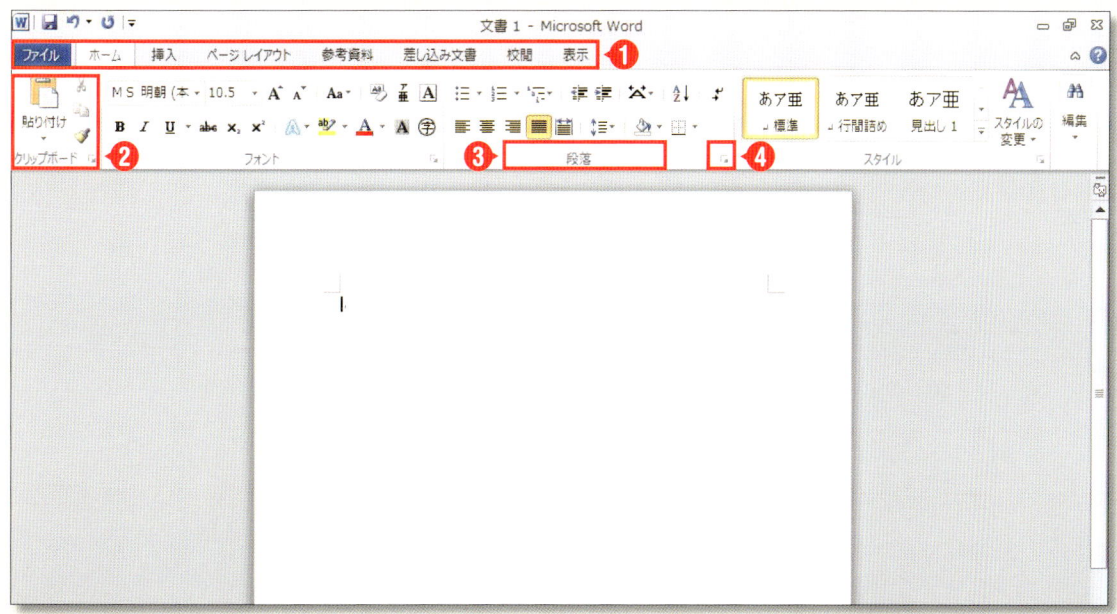

❶ タブ

リボンの一番上には「タブ」があり、標準では「ファイル」「ホーム」「挿入」「ページ レイアウト」「参考資料」「差し込み文書」「校閲」「表示」の8つのタブがあります。タブをクリックしてリボンの切り替えを行います。
※タブは操作の場面に応じて追加されます。

❸ グループ

リボンの一番下にはグループ名が表示されています。グループは、各タブ上で関連するコマンドをまとめたものです。

❷ コマンド

タブの下には、選択されているタブの中にあるコマンドが配置されています。コマンドをクリックして、文字の変更や色の変更などを行います。

❹ ダイアログボックス起動ツール

コマンドがグループ内に収まらない場合は、グループ名の右にボタンが表示されます。ここをクリックすると、さらに詳細な設定を行える画面が表示されます。

> **Check! Word 2003では「図形描画」ツールバーを表示させておくと便利**
>
> Word 2003でおたよりやポスターを作成する場合、頻繁に利用する機能のひとつが「図形描画」ツールバーです。すぐに利用できるよう、いつも表示させておきましょう。このほか、よく利用する機能があれば、同じ方法で表示させておくと便利です。

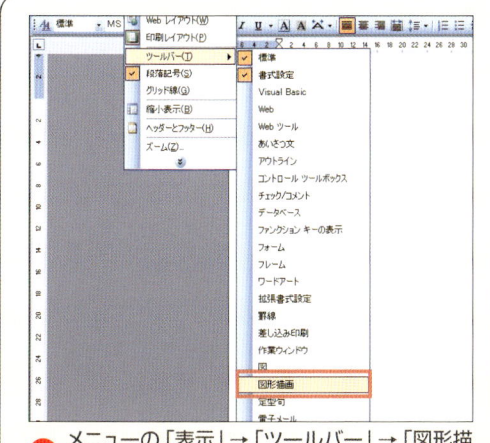

❶ メニューの「表示」→「ツールバー」→「図形描画」を選びます。

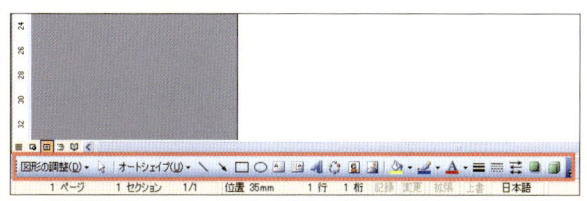

❷ 「図形描画」のツールバーが画面下に表示されます。同様に、「標準」「書式設定」「図」も表示させておきましょう。

本書付属CD-ROMについて

本書付属CD-ROMには、Wordで作成した462点のテンプレートや、テンプレート作成時に便利なイラスト素材1454点が収録されています。また、すべてのデータはカラー版とモノクロ版の2種類が収録されています。

本書付属CD-ROMのフォルダ構成

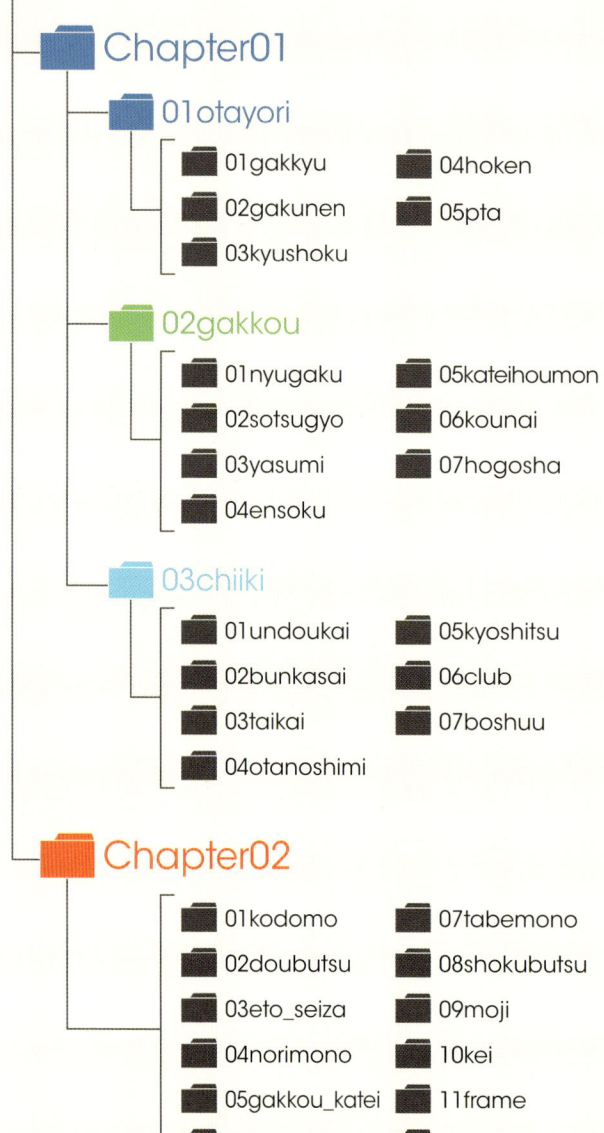

本書付属CD-ROMについて

■本書付属CD-ROMに収録されているWordファイルは、Microsoft Word(2003/2007/2010)で使用できます。なお、ご使用のパソコンのフォント環境によっては正しく表示・印刷されない場合があります。

■お手持ちのプリンタやプリントアウト時の設定により、本書に掲載されている見本の色調と異なる場合があります。また、パソコンのモニターによって、紙面とは色調が異なって見える場合があります。

■図書館でのCD-ROMの貸し出しは不可とさせていただきます。

■本書付属CD-ROMを使用したことによって、あるいは使用できなかったことによって生じる損害は、株式会社翔泳社および著者は一切責任を負いません。あらかじめご了承下さい。

収録ファイルについて

■本書付属CD-ROMに収録されているWordファイルは、OS：Windows 7、ソフト：Word 2003を使用して作成しています。ご使用のパソコン環境やバージョンの違いによっては、アイテムや文字の位置がずれる場合があります。そのような場合は「Chapter 03 テンプレート／イラストサンプルを活用しよう」(P.107〜)を参考に、適宜修正をお願いします。

■本書付属CD-ROMには、Microsoft Wordなどのアプリケーションは収録されていませんので、別途ご用意ください。

■本書付属CD-ROMに収録されているテンプレート、イラストデータの著作権は著者に帰属します。本書の購入者に限り、私的利用の範囲内で自由にご利用いただけます。

■本書付属CD-ROMのデータそのものを販売することは一切できません。また有償無償にかかわらず、転載、再配布、複製、譲渡は禁じられています。

■文面による許可なく、無断で、雑誌やカタログ、書籍などへの本ファイル画像の転載は禁止します。

※各フォルダ内にはそれぞれ「color」「monocro」の2種類のフォルダがあり、カラー版とモノクロ版を分けて収録しています。モノクロ版はファイル名の末尾に「m」がついています。

Chapter 01

テンプレート
Template

先生から保護者・児童へ向けた日々のおたよりをはじめ、
PTAの活動や地域のイベントでも使えるプリントが、
テキストやイラストを変更するだけで作成できます。

※サンプルで紹介している内容は一例です。アレンジすることでさまざまな配布物に使用できます。イラストが挿入されているものは、ほかのイラストに変更（P.115参照）するか、必要のない場合には削除（P.113参照）、または写真に変更（P.116参照）するなど、自由にアレンジしてください。

※本書のテンプレートで使用している写真は、本書付属CD-ROMには収録されていません。各自でご用意した写真を配置してください（P.116参照）。

※ご使用のパソコン環境やバージョンの違いによっては、アイテムや文字の位置がずれる場合があります。そのような場合は「Chapter 03 テンプレート／イラストサンプルを活用しよう」（P.107〜）を参考に、適宜修正をお願いします。

Chapter01 テンプレート

01 日々のおたより

学級だより [低学年向け]

担任の先生が月ごとにクラスに配布する、学級だよりのテンプレートです。
低学年用は、より優しい印象と親しみのある雰囲気が特徴です。

※サンプルで紹介している内容は一例です。アレンジすることでさまざまな配布物に使用できます。
イラストが挿入されているものは、ほかのイラストに変更（P.115参照）するか、必要のない場合
には削除（P.113参照）、または写真に変更（P.116参照）するなど、自由にアレンジしてください。

タイトルを入力する
自分のクラスで使用する学級だよりのタイトルに変更しましょう。

テキストの変更方法は
P.109参照

本文を入力する
その月のクラスの出来事や行事などを入力しましょう。

飾りケイやフレームで区切る
飾りケイやフレームを加えることで情報が読みやすくなります。全体のバランスを見て、P.099以降の素材から選びましょう。

※図形（オートシェイプ）の挿入方法は
P.120を参照してください。

イラストや写真を挿入する
内容に合わせてイラストを変えましょう。植物のイラストを工夫すると季節感が増します。素材はP.068以降を参照。

イラストの変更方法は
P.115参照

0001／0001m

バリエーション

0002／0002m
今月の予定を一番下に配置し、より目立つようにしました。めあても掲示板風にアレンジ。

0003／0003m
学級だよりのタイトルをコミカルなデザインに変更。"皆で作る"感を全面に出しました。

10　パパっとできる！ 先生と保護者のためのプリント＆イラスト集

5月

0004 ／ 0004m

6月

0005 ／ 0005m

7月

0006 ／ 0006m

8月

0008 ／ 0008m

7月

0007 ／ 0007m

バリエーション

01 Chapter01 テンプレート ▶ 日々のおたより
学級だより [低学年向け]

9月

0009 ／ 0009m
イラストと飾りケイを同じモチーフにすると統一感が出ます。

バリエーション

9月

0010 ／ 0010m

9月

0011 ／ 0011m

10月

0012 ／ 0012m

11月

0013 ／ 0013m

12月

0014 ／ 0014m

バリエーション →

12月

0015 ／ 0015m

1月

0016 ／ 0016m

2月

0017 ／ 0017m

3月

0018 ／ 0018m

01 テンプレート ▼ 01日々のおたより

02 イラスト素材

03 テンプレート・イラストサンプルを活用しよう

Chapter01 テンプレート

01 日々のおたより

学級だより [高学年向け]

毎月クラスに配布する学級だよりの、高学年用テンプレートです。
低学年用に比べ、イラストのタッチや全体的な雰囲気が落ち着いているのが特徴です。

※サンプルで紹介している内容は一例です。アレンジすることでさまざまな配布物に使用できます。イラストが挿入されているものは、ほかのイラストに変更（P.115参照）するか、必要のない場合には削除（P.113参照）、または写真に変更（P.116参照）するなど、自由にアレンジしてください。

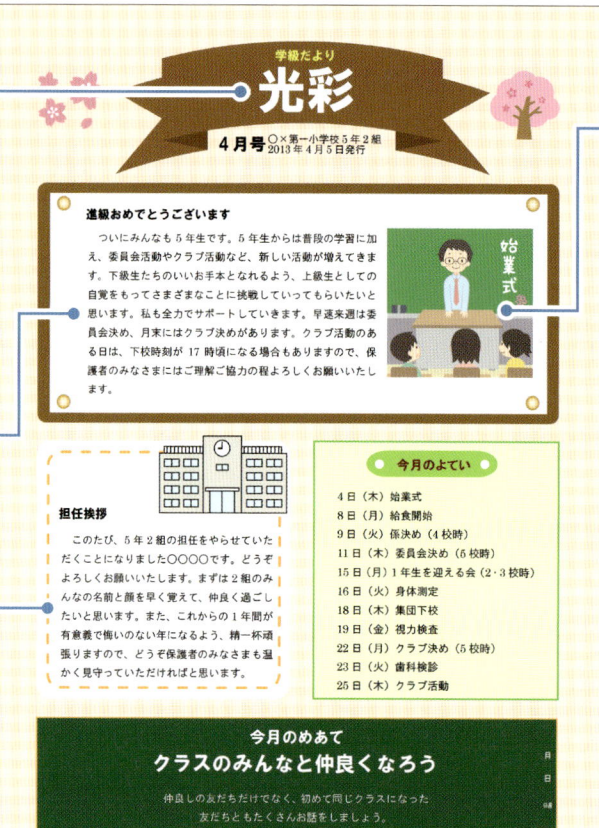

タイトルを入力する
自分のクラスで使用する学級だよりのタイトルに変更しましょう。

テキストの変更方法は P.109参照

本文を入力する
その月のクラスの出来事や行事などを入力しましょう。

図形を挿入する
すっきりとまとまって見えるよう、Wordの機能を使ってフレームや囲みを作って入れてみましょう。

図形の変更方法は P.120参照

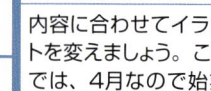
イラストや写真を挿入する
内容に合わせてイラストを変えましょう。ここでは、4月なので始業式のイラストにしています。素材はP.068以降を参照。

イラストの変更方法は P.115参照

0019 ／ 0019m

バリエーション

4月
0020 ／ 0020m
めあてのデザインをメモ風にして、かわいらしさをプラスしました。

4月
0021 ／ 0021m
背景に桜の花を散りばめると、より春らしいデザインになります。

14　パパっとできる！ 先生と保護者のためのプリント＆イラスト集

5月

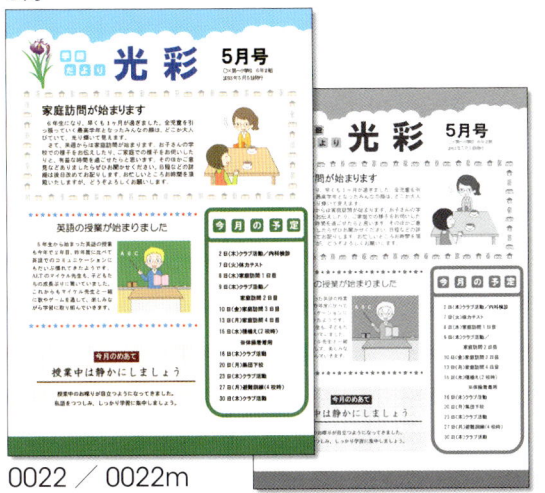

0022 ／ 0022m

6月

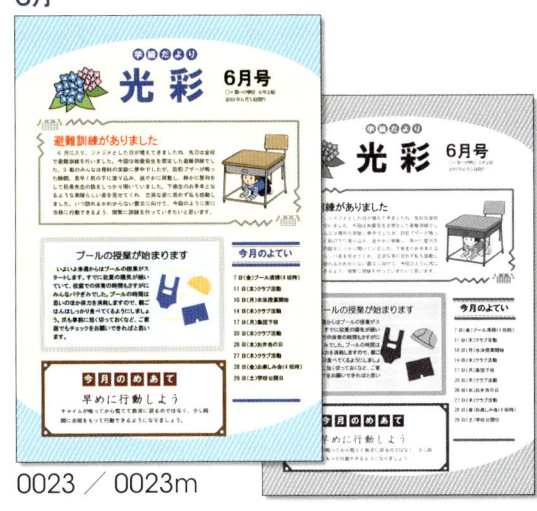

0023 ／ 0023m

7月

0024 ／ 0024m

8月

0026 ／ 0026m

バリエーション

7月

0025 ／ 0025m

01 テンプレート ▼ 01日々のおたより

02 イラスト素材

03 テンプレート／イラストサンプルを活用しよう

01 学級だより [高学年向け]

Chapter01 テンプレート ▶ 日々のおたより

9月

0027 ／ 0027m

9月

0028 ／ 0028m

バリエーション

9月

0029 ／ 0029m

10月

0030 ／ 0030m

11月

0031 ／ 0031m

12月

0032 ／ 0032m

このページのレイアウトはよく見ると全部同じです。フレームや飾りケイが違うだけで、紙面の印象は変化します。

12月

0033 ／ 0033m

1月

0034 ／ 0034m

2月

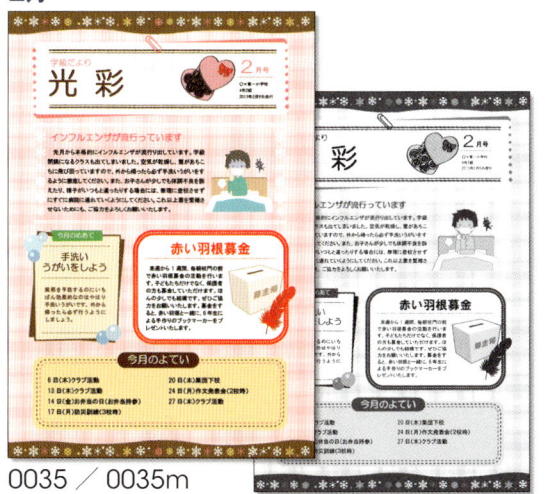

0035 ／ 0035m

3月

0036 ／ 0036m

01 テンプレート ▼ 01日々のおたより

02 イラスト素材

03 テンプレート／イラストサンプルを活用しよう

01 日々のおたより

Chapter01 テンプレート

学年だより［低学年向け］

学年全体に共通する内容でまとめた、学年ごとに配布するおたよりです。
気に入ったテンプレートを見つけたら、オリジナルにアレンジしてみましょう。

※サンプルで紹介している内容は一例です。アレンジすることでさまざまな配布物に使用できます。イラストが挿入されているものは、ほかのイラストに変更（P.115参照）するか、必要のない場合には削除（P.113参照）、または写真に変更（P.116参照）するなど、自由にアレンジしてください。

4月

タイトルを入力・装飾する
影やフチつきの文字を入力してみましょう。ここでは「ワードアート」機能を使います。

影付文字の変更方法は P.117参照

本文を入力する
学年に共通する出来事や行事などについて、入力しましょう。

テキストの変更方法は P.109参照

※図形（オートシェイプ）の挿入方法はP.120を参照してください。

0037／0037m

イラストや写真を挿入する
内容に合わせてイラストを変えましょう。予定欄に書かれている行事をイラストで表現すると統一感が出ます。

イラストの変更方法は P.115参照

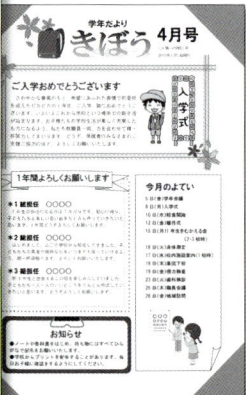

バリエーション

4月

ランドセルを赤から黒に変更するなど、全体的に少しクールな印象に変更しました。

0038／0038m

4月

背景の色を無くすと、すっきりとしてシンプルな印象になります。

0039／0039m

5月

0040 ／ 0040m

6月

0041 ／ 0041m

7月

0042 ／ 0042m

8月

0044 ／ 0044m

7月

0043 ／ 0043m

バリエーション

01 テンプレート ▼ 01 日々のおたより

02 イラスト素材

03 テンプレート／イラストサンプルを活用しよう

19

01 Chapter01 テンプレート ▶ 日々のおたより
学年だより［低学年向け］

9月

0045 ／ 0045m

9月

0046 ／ 0046m

9月

0047 ／ 0047m

バリエーション

10月

0048 ／ 0048m

11月

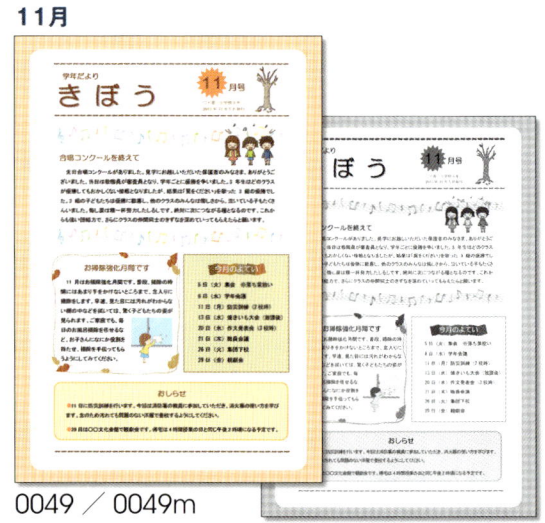

0049 ／ 0049m

12月

0050 ／ 0050m

12月

バリエーション

0051 ／ 0051m

1月

0052 ／ 0052m

2月

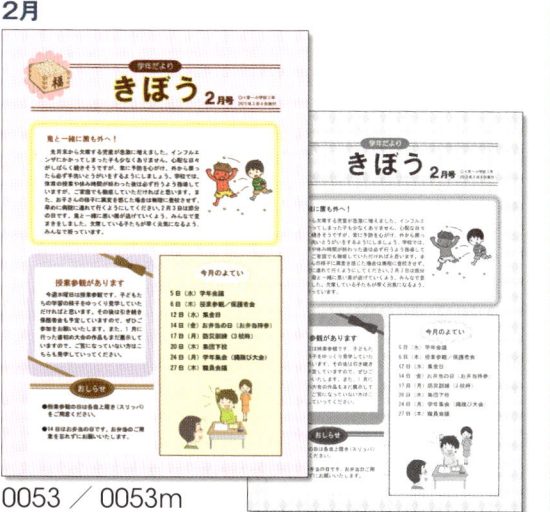

0053 ／ 0053m

3月

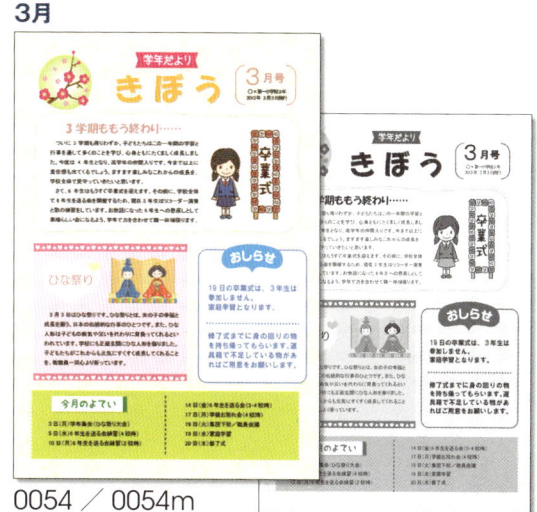

0054 ／ 0054m

Chapter01 テンプレート

01 日々のおたより

学年だより [高学年向け]

高学年用に少し落ち着きのあるデザインが特徴の、学年だよりのテンプレートです。
差し替えるイラストを選ぶ際も、子どもっぽくなりすぎないように気をつけましょう。

※サンプルで紹介している内容は一例です。アレンジすることでさまざまな配布物に使用できます。イラストが挿入されているものは、ほかのイラストに変更（P.115参照）するか、必要のない場合には削除（P.113参照）、または写真に変更（P.116参照）するなど、自由にアレンジしてください。

本文を入力する
学年に共通する出来事や行事などについて、入力しましょう。

イラストや写真を挿入する
内容に合わせてイラストを変えましょう。テーマを伝えるために文字素材を縮小して利用してもよいでしょう。文字の素材はP.096以降を参照。

イラストの変更方法は
● P.115参照 ●

飾りケイやフレームで区切る
飾りケイやフレームを加えることで情報が読みやすくなります。
P.099以降の素材からイメージに合うものに変更しましょう。

※図形（オートシェイプ）の挿入方法はP.120を参照してください。

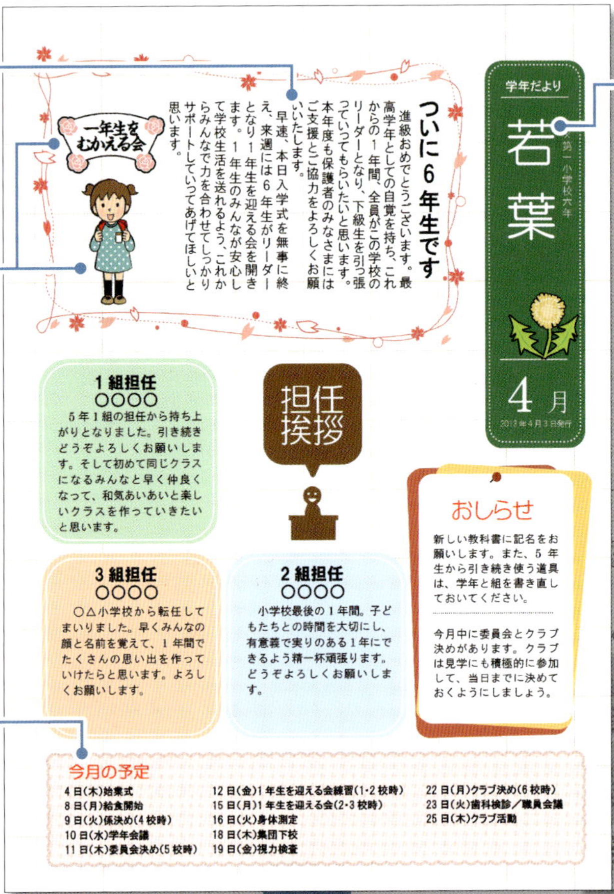

タイトルを入力する
学年で決めた学年だよりのタイトルに変更しましょう。

テキストの変更方法は
● P.109参照 ●

0055 ／ 0055m

バリエーション

茶色などの暖色系を背景にすると温かみが増し、より落ち着いた雰囲気になります。
0056 ／ 0056m

桜のモチーフを増やし、入学シーズンにぴったりのデザインに変更しました。
0057 ／ 0057m

5月

0058 ／ 0058m

6月

0059 ／ 0059m

7月

0060 ／ 0060m
タイトル周りがシンプルでも、横にワンポイントを入れるだけで、かわいらしさと季節感が出ます。

8月

0062 ／ 0062m

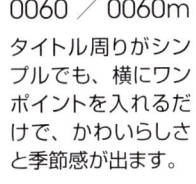

バリエーション

7月

0061 ／ 0061m

01 テンプレート ▼ 01日々のおたより

02 イラスト素材

03 テンプレート／イラストサンプルを活用しよう

Chapter01 テンプレート ▶ 日々のおたより

01 学年だより [高学年向け]

9月

0063 / 0063m

9月

0064 / 0064m

9月

0065 / 0065m

バリエーション

10月

0066 / 0066m

11月

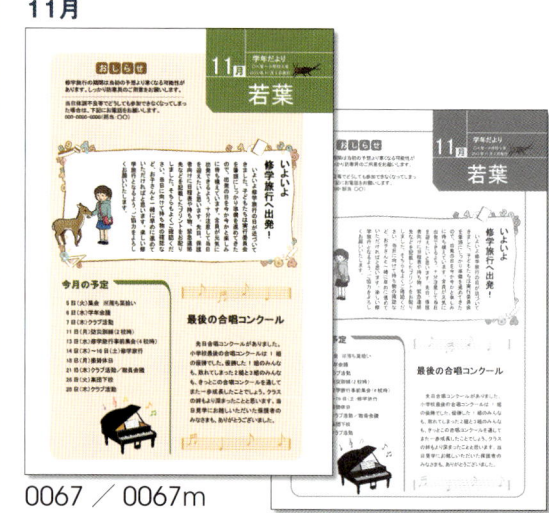

0067 / 0067m

0068 ／ 0068m

0069 ／ 0069m

0070 ／ 0070m

0071 ／ 0071m

0072 ／ 0072m

Chapter01 テンプレート

01 日々のおたより

給食だより

旬の食材や食事のマナーなど、子どもたちに必要な食に関する情報をまとめたおたよりです。
献立を載せるために表を挿入していますが、不要な場合は削除して別の要素を入れましょう。

※サンプルで紹介している内容は一例です。アレンジすることでさまざまな配布物に使用できます。
イラストが挿入されているものは、ほかのイラストに変更（P.115参照）するか、必要のない場合
には削除（P.113参照）、または写真に変更（P.116参照）するなど、自由にアレンジしてください。

春（4月）

本文を入力する
毎日の食事が楽しくなるような"食のマメ知識"を掲載しましょう。

テキストの変更方法は　P.109参照

表を挿入する
献立は表ですっきりと収めましょう。日付の横に合計カロリーを表示してもいいですね。

表の挿入方法は　P.122参照

※図形（オートシェイプ）の挿入方法は
P.120を参照してください。
※文字装飾（ワードアート）の変更方法
はP.117を参照してください。

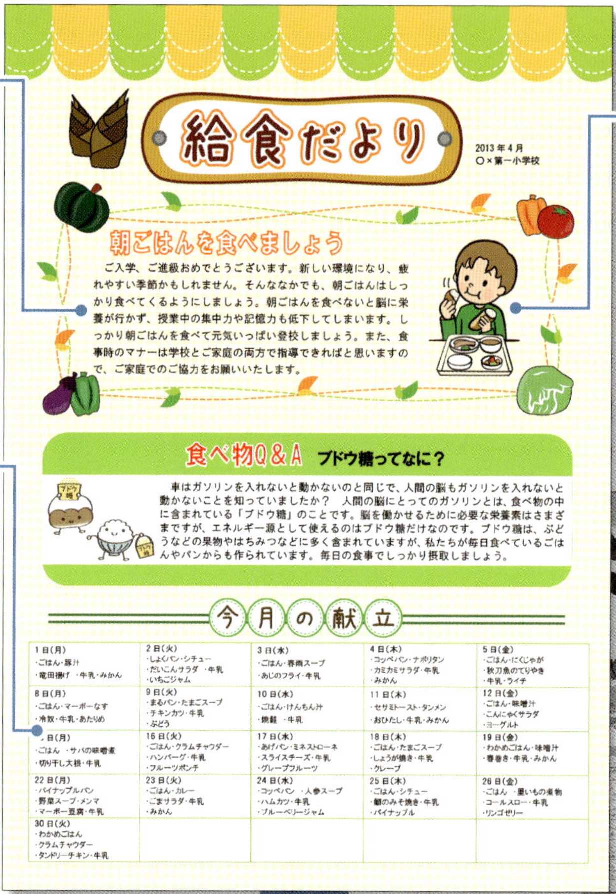

イラストや写真を挿入する
内容に合わせてイラストを変えます。季節や献立に合った素材を使ってみましょう。食べ物の素材はP.093を参照。

イラストの変更方法は　P.115参照

0073／0073m

バリエーション

春（3月）

タイトル横のイラストを菜の花にして、春らしさを演出しました。

0074／0074m

春（5月）

みんなが気になる素朴な疑問を発表して、興味を引く内容に。

0075／0075m

夏（6月）

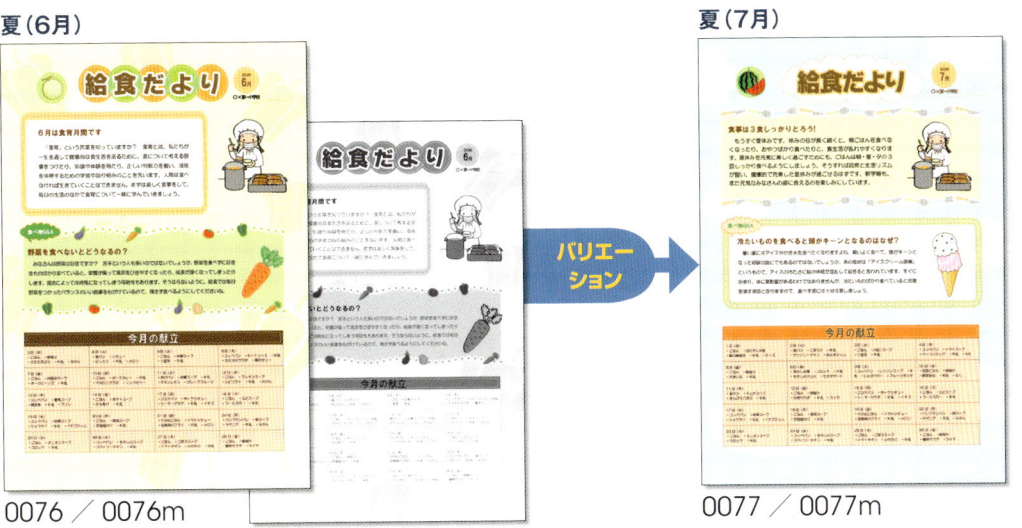

0076 ／ 0076m

0077 ／ 0077m

秋（9月）

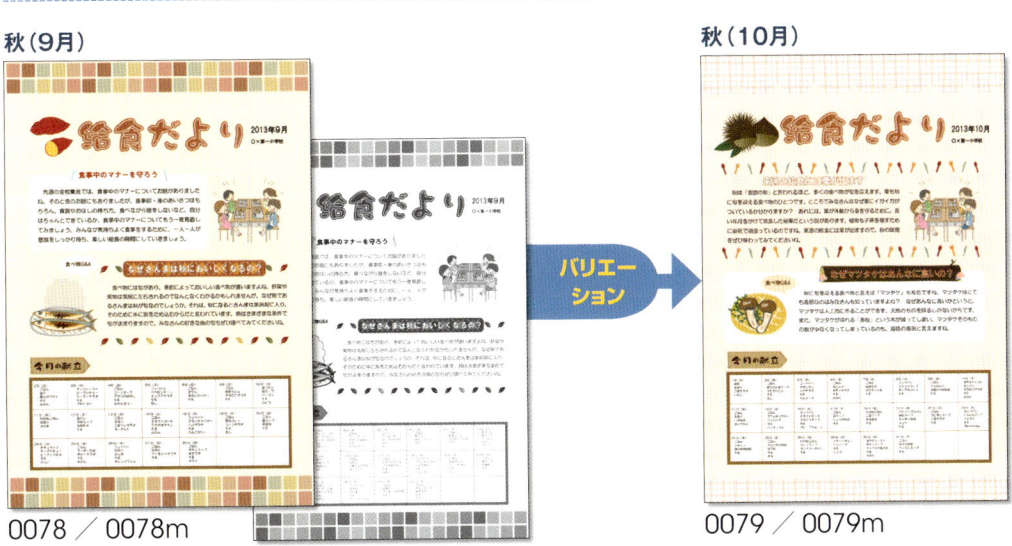

0078 ／ 0078m

0079 ／ 0079m

冬（12月）

0080 ／ 0080m

0081 ／ 0081m

01 日々のおたより

Chapter01 テンプレート

保健だより

子どもたちが健康で、安心・安全な生活をおくるために必要な話題をまとめた保健だより。
健康に関する大切な情報が満載なので、イラストなどを効果的に使って読みやすい1枚に仕上げましょう。

※サンプルで紹介している内容は一例です。アレンジすることでさまざまな配布物に使用できます。
イラストが挿入されているものは、ほかのイラストに変更（P.115参照）するか、必要のない場合には削除（P.113参照）、または写真に変更（P.116参照）するなど、自由にアレンジしてください。

飾りケイや フレームで区切る
飾りケイやフレームを加えることで情報が読みやすくなります。記事の内容とデザインを合わせると伝わりやすい1枚になります。

本文を入力する
健康診断などのお知らせや、健康に関する話題を入力しましょう。

テキストの変更方法は P.109参照

図形を挿入する
「オートシェイプ」機能でフレームや囲みを作成しましょう。すっきりとして、読みやすい記事になります。

※図形（オートシェイプ）の挿入方法はP.120を参照してください。

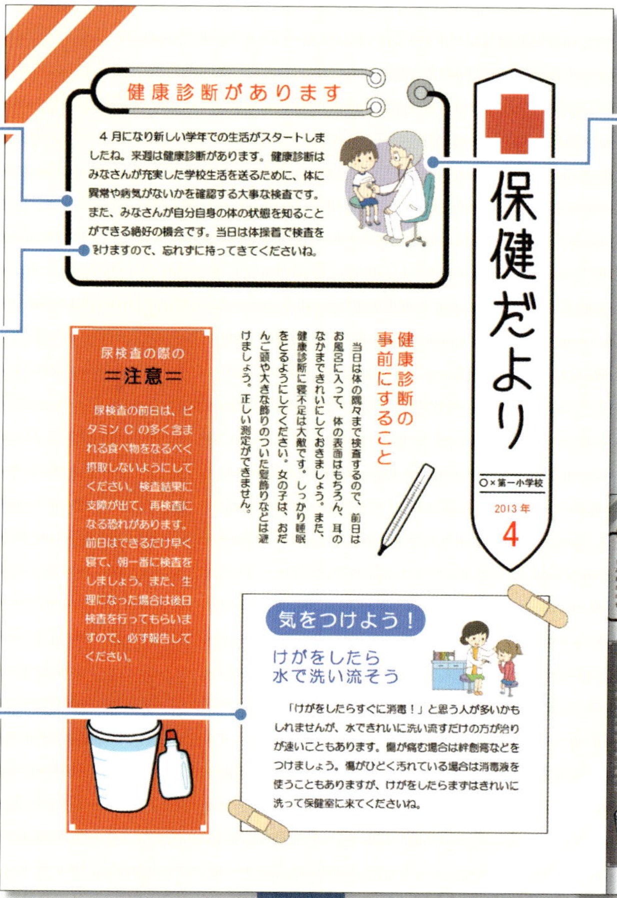

イラストや 写真を挿入する
内容に合わせてイラストを変えましょう。健康に関連する子どもの素材はP.080、グッズの素材はP.089を参照。

イラストの変更方法は P.115参照

春（4月）

0082 ／ 0082m

バリエーション

春（3月）
0083 ／ 0083m
花粉症対策や耳の日についてなど、3月ならではの情報を掲載。

春（5月）
0084 ／ 0084m
歯科検診のお知らせをメインに、虫歯にまつわる情報などを掲載。

28　パパっとできる！　先生と保護者のためのプリント＆イラスト集

夏（6月）

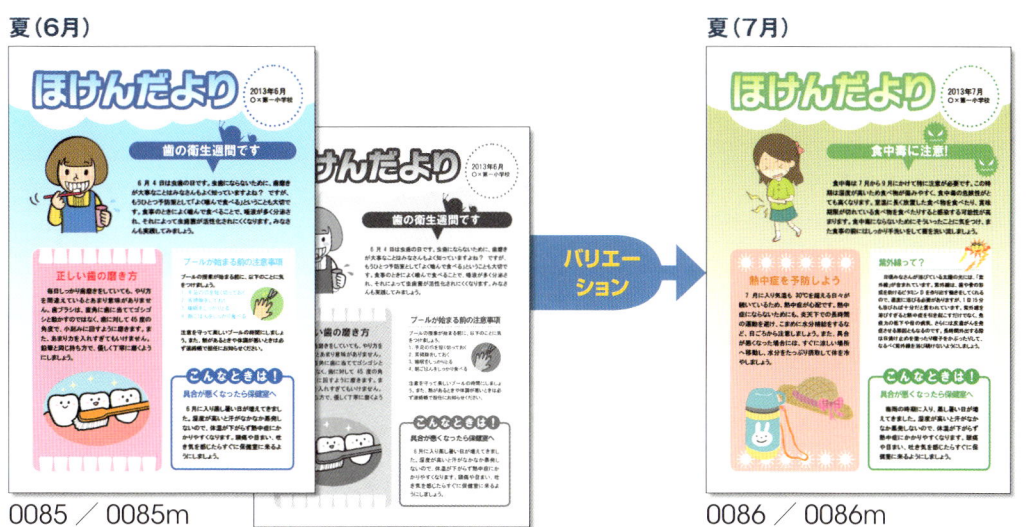

0085 ／ 0085m

夏（7月）

0086 ／ 0086m

秋（9月）

0087 ／ 0087m

秋（10月）

0088 ／ 0088m

冬（12月）

0089 ／ 0089m

冬（1月）

0090 ／ 0090m

01 テンプレート ▼ 01日々のおたより

02 イラスト素材

03 テンプレート／イラストサンプルを活用しよう

29

Chapter01 テンプレート

01 日々のおたより
PTA通信

主に保護者や教員に向けて、PTA役員が発行するおたよりのテンプレートです。
掲載したい写真がある場合は、P.116を参照し、挿入してみましょう。

※サンプルで紹介している内容は一例です。アレンジすることでさまざまな配布物に使用できます。
イラストが挿入されているものは、ほかのイラストに変更（P.115参照）するか、必要のない場合
には削除（P.113参照）、または写真に変更（P.116参照）するなど、自由にアレンジしてください。

春（4月）

本文を入力する
PTA役員や教員、保護者へ向けた挨拶文などを入力しましょう。

テキストの変更方法は
P.109参照

写真を挿入する
写真を挿入することで、具体的に内容が伝わりやすくなります。

写真の挿入方法は
P.116参照

連絡事項を入力する
PTAの各役員からの連絡事項などを入力しましょう。

イラストを挿入する
内容に合わせてイラストを変えましょう。季節や行事を意識して、P.068以降の素材から選びましょう。

イラストの変更方法は
P.115参照

0091／0091m

バリエーション

春（3月）

0092／0092m

3月らしく卒業式のイラストに変更し、飾りのイラストも梅の花に変更しました。

春（5月）

0093／0093m

子どもの日にちなんでイラストをこいのぼりに変更し、全体的にさわやかな印象に。

30　パパっとできる！ 先生と保護者のためのプリント＆イラスト集

夏（6月） / 夏（7月）

0085 / 0085m　　0086 / 0086m

秋（9月） / 秋（10月）

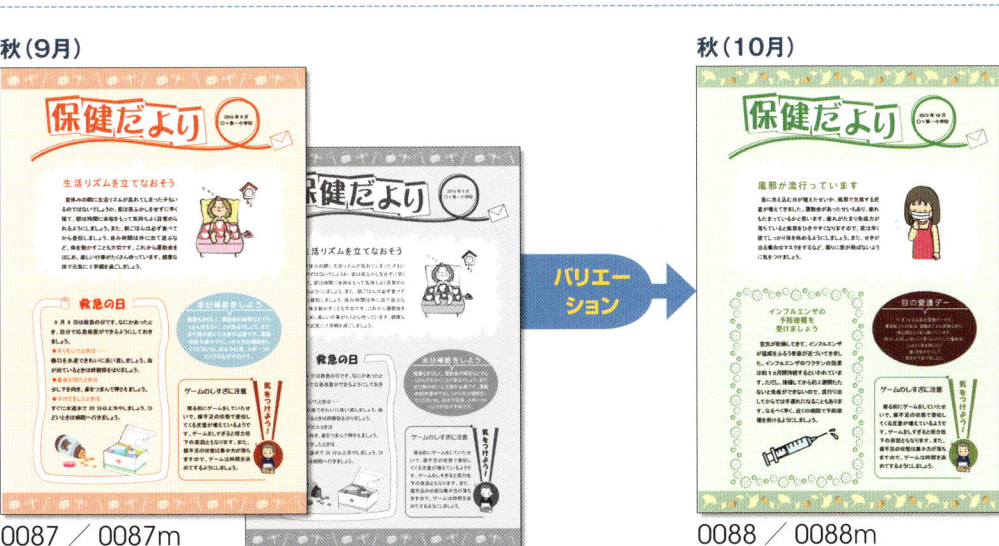

0087 / 0087m　　0088 / 0088m

冬（12月） / 冬（1月）

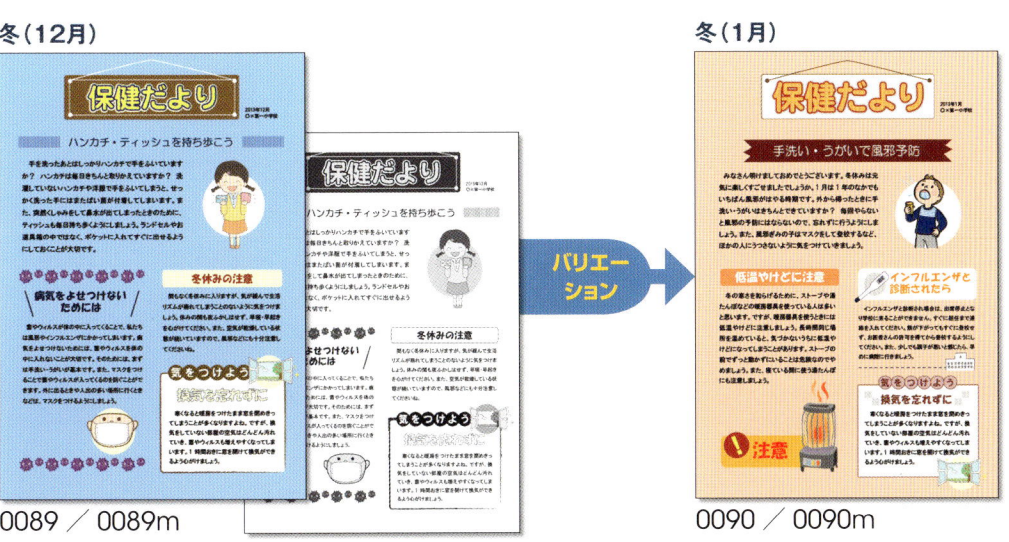

0089 / 0089m　　0090 / 0090m

Chapter01 テンプレート
01 日々のおたより
PTA通信

主に保護者や教員に向けて、PTA役員が発行するおたよりのテンプレートです。
掲載したい写真がある場合は、P.116を参照し、挿入してみましょう。

※サンプルで紹介している内容は一例です。アレンジすることでさまざまな配布物に使用できます。イラストが挿入されているものは、ほかのイラストに変更（P.115参照）するか、必要のない場合には削除（P.113参照）、または写真に変更（P.116参照）するなど、自由にアレンジしてください。

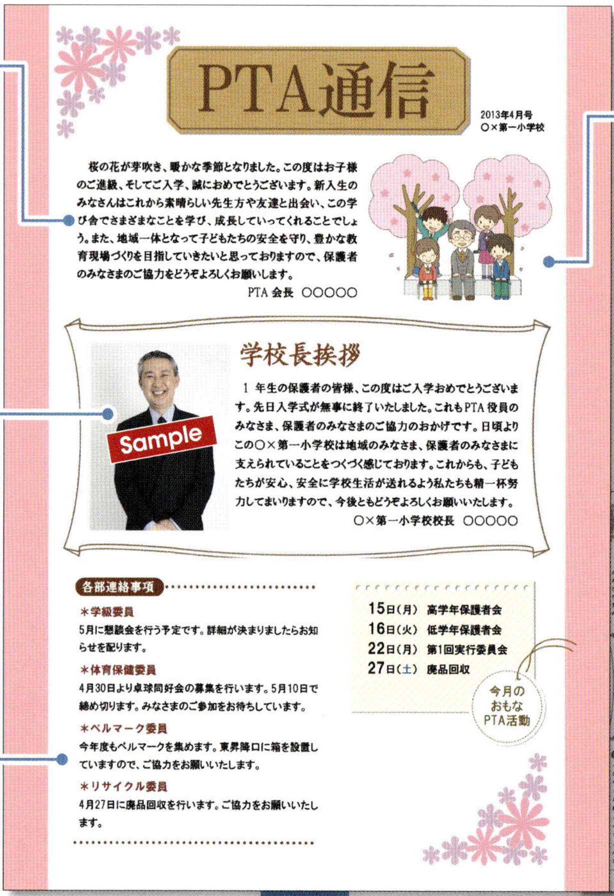

春（4月）

本文を入力する
PTA役員や教員、保護者へ向けた挨拶文などを入力しましょう。

テキストの変更方法は P.109参照

写真を挿入する
写真を挿入することで、具体的に内容が伝わりやすくなります。

写真の挿入方法は P.116参照

連絡事項を入力する
PTAの各役員からの連絡事項などを入力しましょう。

イラストを挿入する
内容に合わせてイラストを変えましょう。季節や行事を意識して、P.068以降の素材から選びましょう。

イラストの変更方法は P.115参照

0091 ／ 0091m

バリエーション

春（3月）

3月らしく卒業式のイラストに変更し、飾りのイラストも梅の花に変更しました。

0092 ／ 0092m

春（5月）

子どもの日にちなんでイラストをこいのぼりに変更し、全体的にさわやかな印象に。

0093 ／ 0093m

30　パパっとできる！　先生と保護者のためのプリント＆イラスト集

夏（6月）

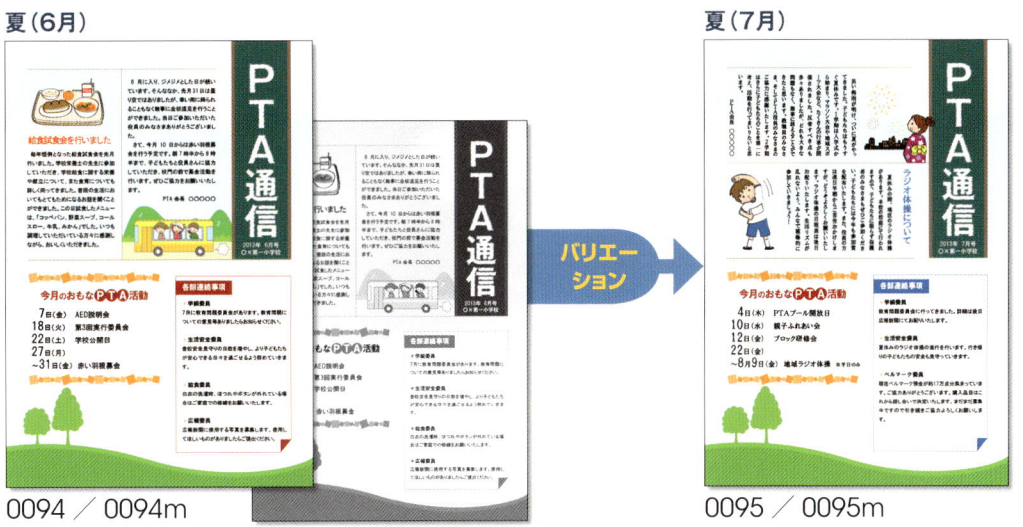

0094 ／ 0094m　　バリエーション　　0095 ／ 0095m

夏（7月）

秋（9月）

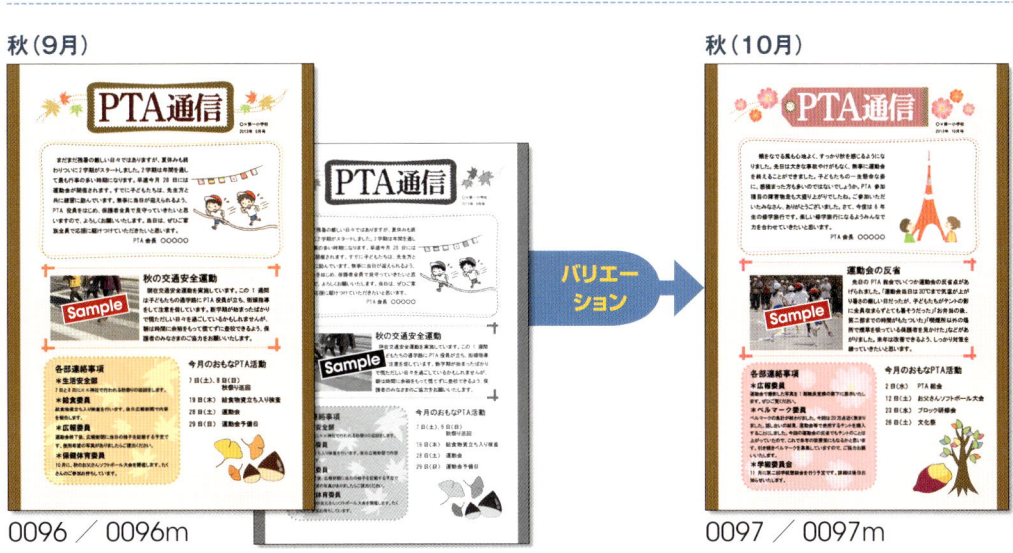

0096 ／ 0096m　　バリエーション　　0097 ／ 0097m

秋（10月）

冬（12月）

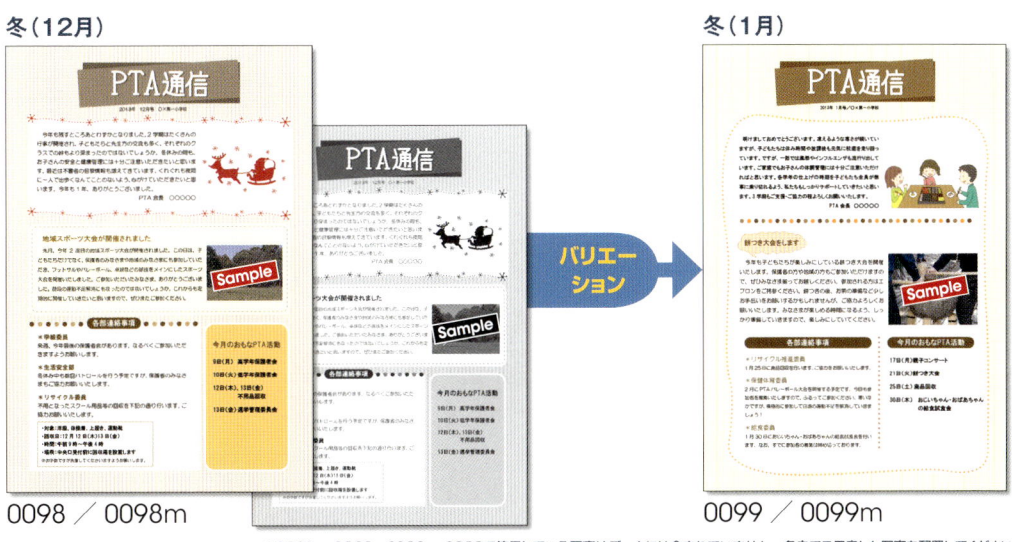

0098 ／ 0098m　　バリエーション　　0099 ／ 0099m

冬（1月）

※0091～0093、0096～0099で使用している写真はデータには含まれていません。各自でご用意した写真を配置してください（P.116参照）。

01 テンプレート▼01日々のおたより

02 イラスト素材

03 テンプレート／イラストサンプルを活用しよう

Chapter01 テンプレート

02 学校行事の配布物

入学式

新入生の保護者へ向けた入学式の案内から、入学式当日に配布するパンフレット、新入生へ向けたメッセージなど、さまざまなテンプレートが作成できます。

※サンプルで紹介している内容は一例です。アレンジすることでさまざまな配布物に使用できます。イラストが挿入されているものは、ほかのイラストに変更（P.115参照）するか、必要のない場合には削除（P.113参照）、または写真に変更（P.116参照）するなど、自由にアレンジしてください。

案内

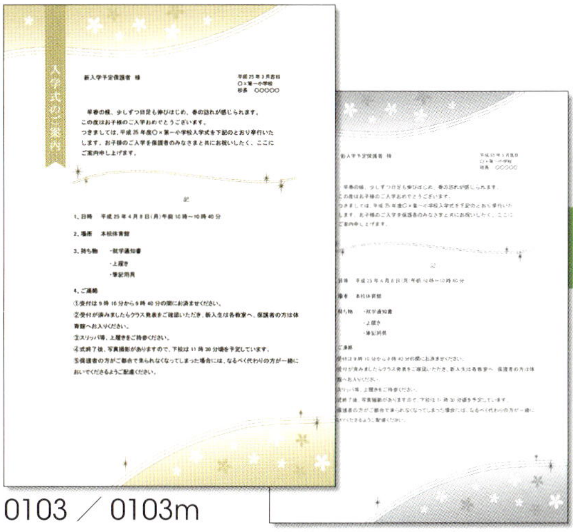

0103 / 0103m

案内

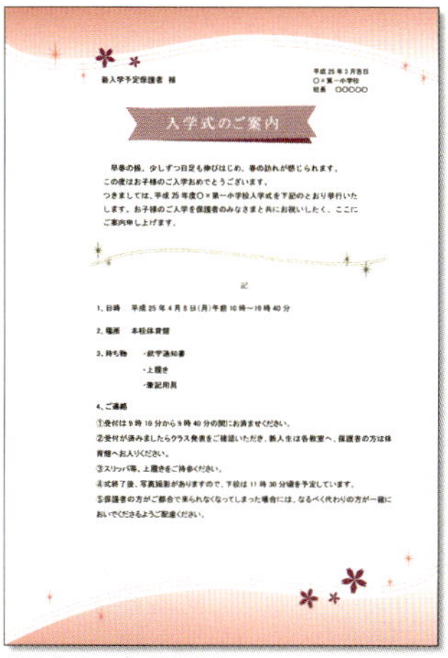

0104 / 0104m

パンフレット（両面）表

0105_o / 0105m_o

パンフレット（両面）表

0106_o / 0106m_o

裏

0105_u / 0105m_u

裏

0106_u / 0106m_u

01 テンプレート ▼ 02 学校行事の配布物

02 イラスト素材

03 テンプレート／イラストサンプルを活用しよう

02 入学式

Chapter01 テンプレート ▶ 学校行事の配布物

パンフレット（両面 見開き）表

0107_o ／ 0107m_o

裏

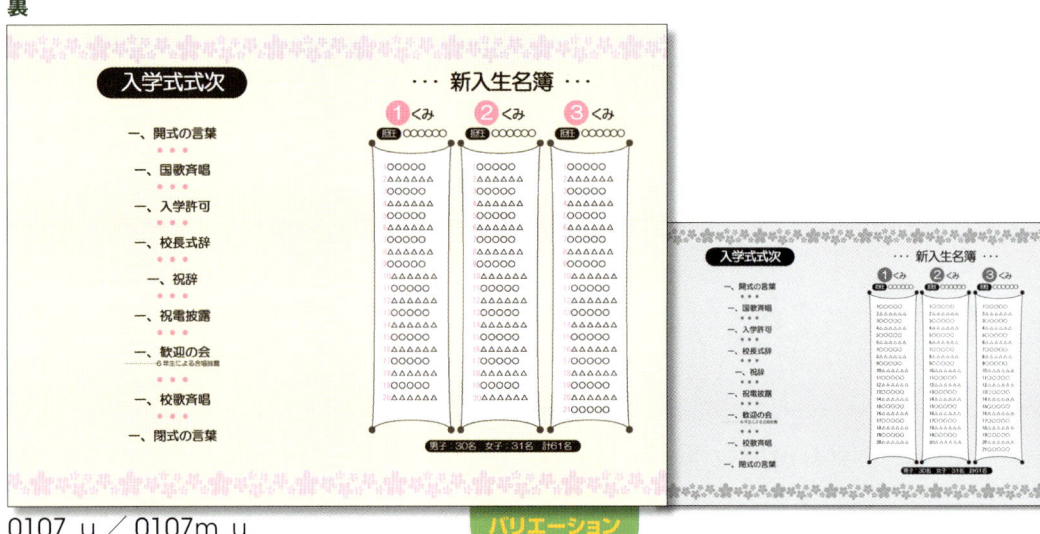

0107_u ／ 0107m_u

▼ バリエーション

パンフレット（両面 見開き）表

0108_o ／ 0108m_o

裏

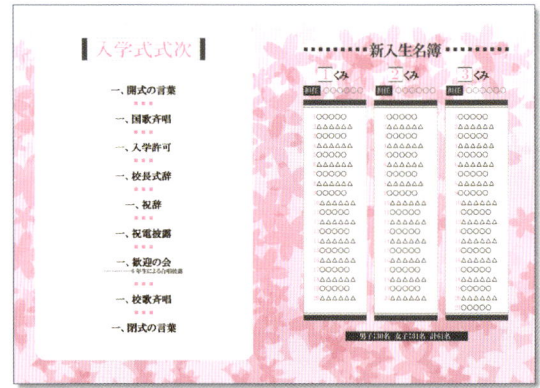

0108_u ／ 0108m_u

Chapter01 ▶ 02gakkou ▶ 01nyugaku ▶ color／monocro

01 テンプレート▼ 02 学校行事の配布物

02 イラスト素材

03 テンプレート／イラストサンプルを活用しよう

お祝いの言葉

0109／0109m

お祝いの言葉

0110／0110m

お祝いの言葉

0112／0112m

お祝いの言葉

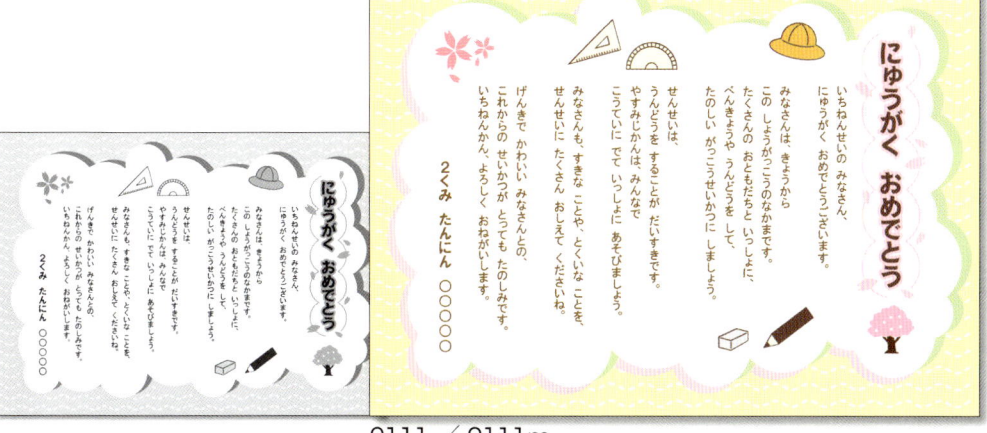

0111／0111m

35

Chapter01 テンプレート

02 学校行事の配布物

卒業式

「入学式」と同様に、卒業生の保護者へ向けた案内、卒業式のパンフレット、卒業生へのメッセージなどのテンプレートが作成できます。

※サンプルで紹介している内容は一例です。アレンジすることでさまざまな配布物に使用できます。イラストが挿入されているものは、ほかのイラストに変更（P.115参照）するか、必要のない場合には削除（P.113参照）、または写真に変更（P.116参照）するなど、自由にアレンジしてください。

案内

本文を入力する
卒業生の保護者に向けた挨拶文を入力しましょう。

テキストの変更方法は P.109参照

飾りケイやフレームで区切る
シンプルななかにも、飾りケイやフレームで華やかさを演出します。

詳細を入力する
卒業式の日程や連絡事項などの詳細を入力しましょう。

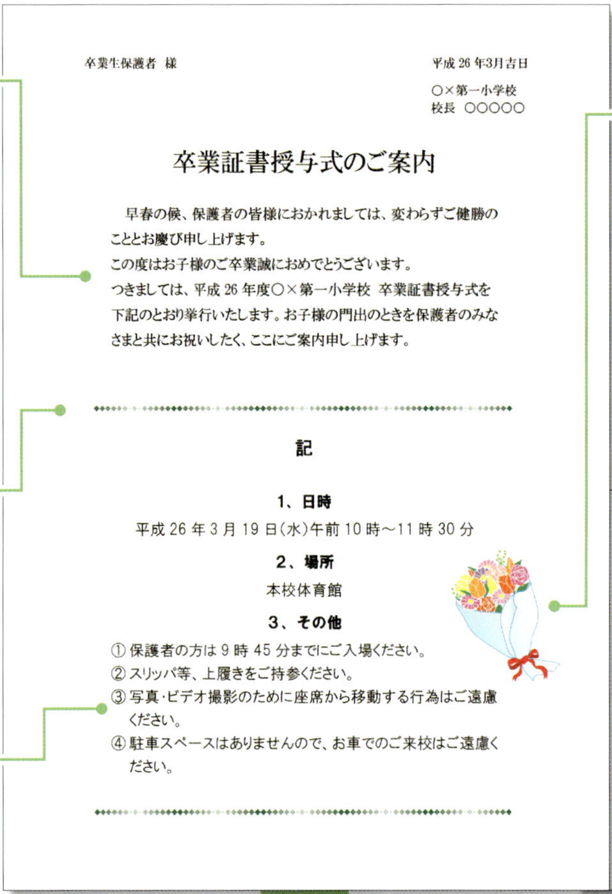

卒業生保護者 様　　平成26年3月吉日
　　　　　　　　　○×第一小学校
　　　　　　　　　校長　○○○○○

卒業証書授与式のご案内

　早春の候、保護者の皆様におかれましては、変わらずご健勝のこととお慶び申し上げます。
　この度はお子様のご卒業誠におめでとうございます。
　つきましては、平成26年度○×第一小学校 卒業証書授与式を下記のとおり挙行いたします。お子様の門出のときを保護者のみなさまと共にお祝いしたく、ここにご案内申し上げます。

記

1、日時
　平成26年3月19日(水)午前10時～11時30分
2、場所
　本校体育館
3、その他
① 保護者の方は9時45分までにご入場ください。
② スリッパ等、上履きをご持参ください。
③ 写真・ビデオ撮影のために座席から移動する行為はご遠慮ください。
④ 駐車スペースはありませんので、お車でのご来校はご遠慮ください。

イラストや写真を挿入する
人物を入れたりイラストを増やしたりすると、華やかな雰囲気が出ます。卒業式のイラストはP.070を参照。

イラストの変更方法は P.115参照

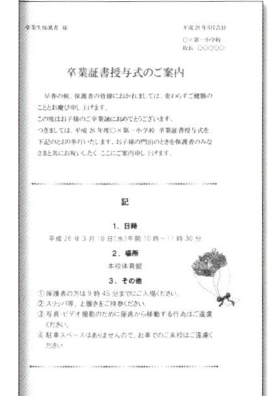

0113 ／ 0113m

バリエーション

案内

緩やかに波打つ飾りケイを上下に配置して、優しげな印象に。

0114 ／ 0114m

案内

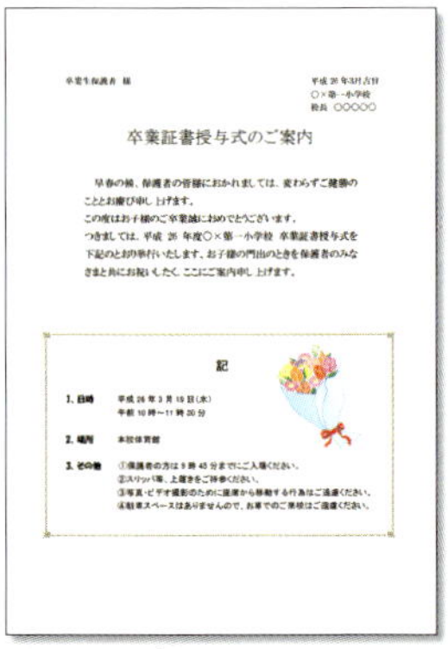

フレームを使用して、日時などの詳細をよりわかりやすくしました。

0115 ／ 0115m

36　パパっとできる！　先生と保護者のためのプリント&イラスト集

Chapter01 ▶ 02gakkou ▶ 02sotsugyo ▶ color / monocro

案内

0116 ／ 0116m

案内

0117 ／ 0117m

パンフレット（両面）表

0118_o ／ 0118m_o

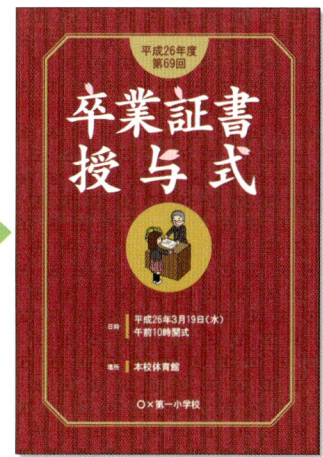

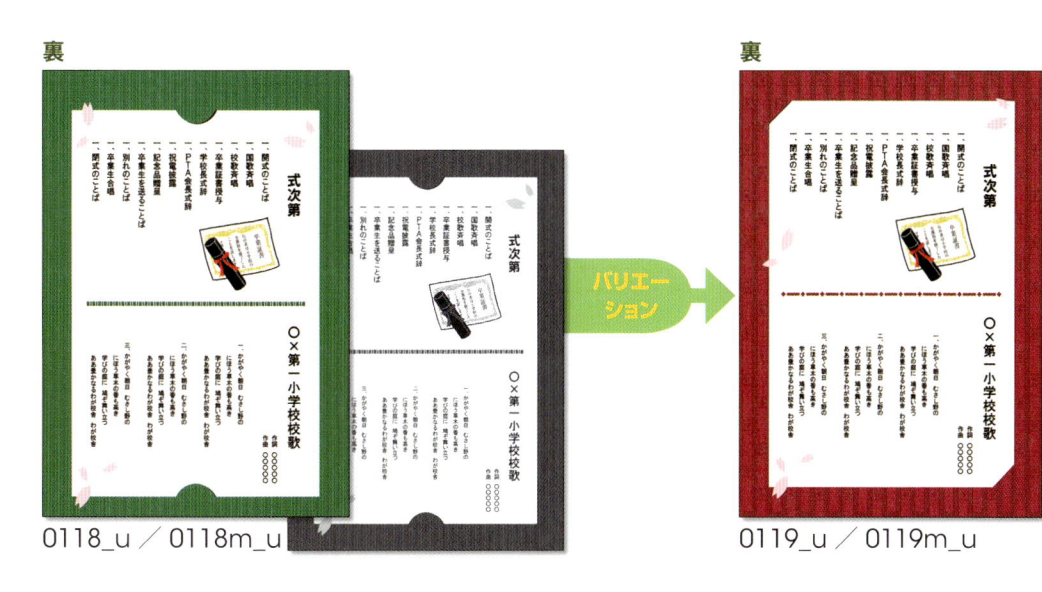

パンフレット（両面）表

0119_o ／ 0119m_o

裏

0118_u ／ 0118m_u

裏

0119_u ／ 0119m_u

01 テンプレート ▶ 02 学校行事の配布物

02 イラスト素材

03 テンプレート／イラストサンプルを活用しよう

37

02 卒業式

Chapter01 テンプレート ▶ 学校行事の配布物

パンフレット（両面 見開き）表

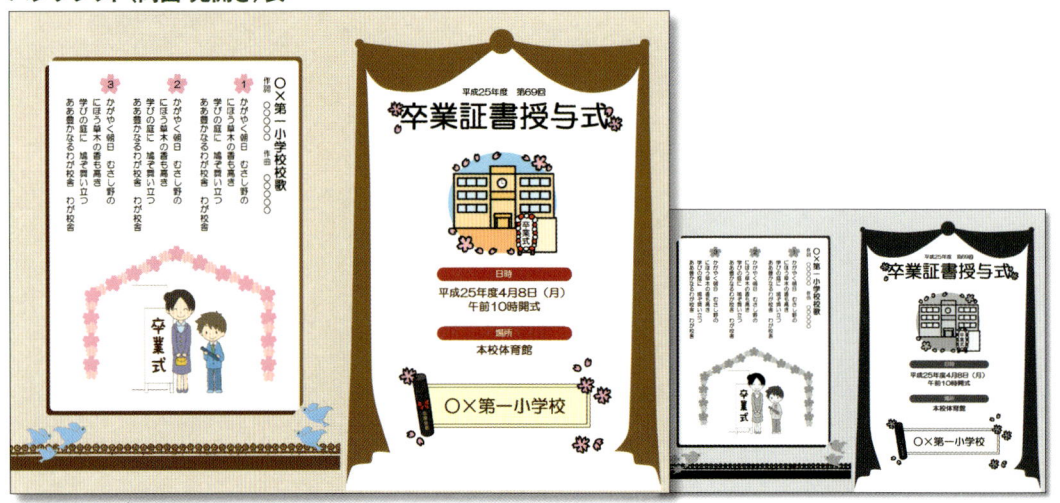

0120_o ／ 0120m_o

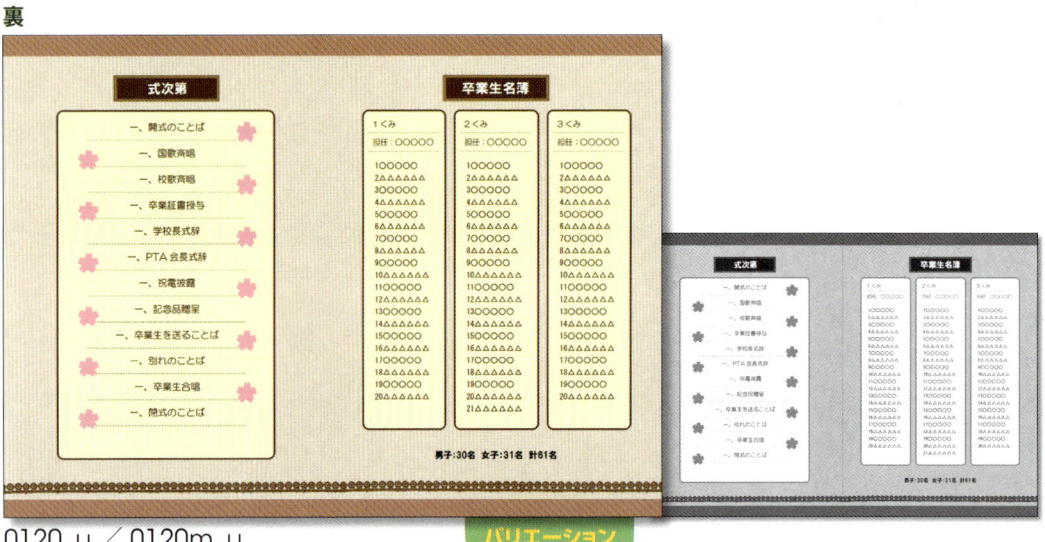

裏

0120_u ／ 0120m_u

バリエーション

パンフレット（両面 見開き）表

0121_o ／ 0121m_o

裏

0121_u ／ 0121m_u

Chapter01 ▶ 02gakkou ▶ 02sotsugyo ▶ color ／ monocro

お祝いの言葉

6年1組の皆、卒業おめでとう。

皆はこの○×第一小学校でたくさんの友達に出会い、共に学習や学校行事に励み、立派に成長されました。楽しいことだけでなく、辛いことや悩むこともたくさんあったでしょう。でも、そういうことを繰り返すことで、人は学び、成長していき、優しい人間になれるのです。

きっとこれから先、大きな壁にぶつかることもあるでしょう。でも、どんなことがあっても逃げてはいけません。逃げては負けです。皆なら絶対にどんな壁も乗り越えていくことができるはずです。どうかこれからも、強く、そして人に優しく、思いやりのある1組の皆でいてください。

そして、この学び舎で培った力を大いに発揮し、目標に向かって充実した中学校生活を送っていってください。先生はいつまでも皆の味方です。これからもずっと応援しています。

6年1組担任　○○○○○

0122 ／ 0122m

お祝いの言葉

0123 ／ 0123m

お祝いの言葉

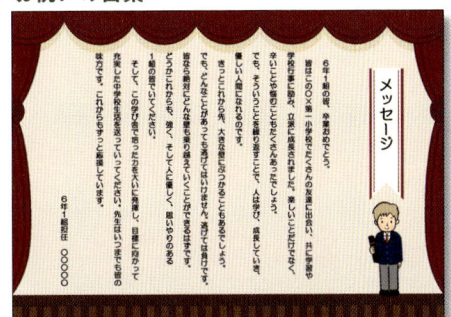

0125 ／ 0125m

お祝いの言葉

0124 ／ 0124m

01 テンプレート ▼ 02 学校行事の配布物

02 イラスト素材

03 テンプレート／イラストサンプルを活用しよう

39

Chapter01 テンプレート

02 学校行事の配布物

春休み・夏休み・冬休み

生活リズムが乱れがちな長期休暇に向けて、休み中の注意事項やお知らせなどを記載した配布物です。夏休み前には、別途「プール開放日のお知らせ」なども配布しましょう。

※サンプルで紹介している内容は一例です。アレンジすることでさまざまな配布物に使用できます。イラストが挿入されているものは、ほかのイラストに変更（P.115参照）するか、必要のない場合には削除（P.113参照）、または写真に変更（P.116参照）するなど、自由にアレンジしてください。

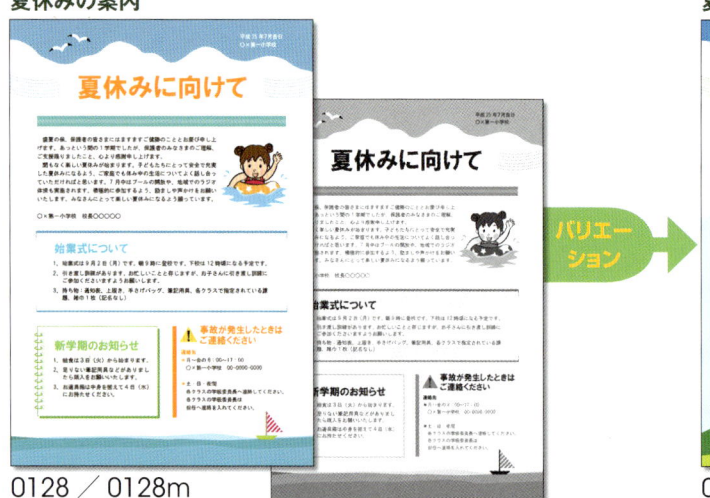

春休みの案内

イラストや写真を挿入する
休み中の子どもの様子がイメージできるイラストを使いましょう。素材はP.068以降を参照。

イラストの変更方法は P.115参照

本文を入力する
休み中の注意事項や連絡事項を入力しましょう。

テキストの変更方法は P.109参照

0126 ／ 0126m

バリエーション

春休みの案内

0127 ／ 0127m

夏休みの案内

0128 ／ 0128m

バリエーション

夏休みの案内

0129 ／ 0129m

40　パパっとできる！　先生と保護者のためのプリント＆イラスト集

Chapter01 ▶ 02gakkou ▶ 03yasumi ▶ color / monocro

冬休みの案内

バリエーション →

冬休みの案内

0130 / 0130m

0131 / 0131m

プール開放日の案内

0132 / 0132m

休み中の注意

0133 / 0133m

休み中の注意

0134 / 0134m

01 テンプレート ▼ 02学校行事の配布物

02 イラスト素材

03 テンプレート／イラストサンプルを活用しよう

41

Chapter01 テンプレート

02 学校行事の配布物
遠足・社会科見学・修学旅行

保護者へ向けたお知らせのほか、持ち物チェックや当日の予定をまとめたしおりなど、遠足・社会科見学・修学旅行の際に使う配布物です。低学年と高学年で使い分けましょう。

※サンプルで紹介している内容は一例です。アレンジすることでさまざまな配布物に使用できます。イラストが挿入されているものは、ほかのイラストに変更（P.115参照）するか、必要のない場合には削除（P.113参照）、または写真に変更（P.116参照）するなど、自由にアレンジしてください。

遠足のお知らせ

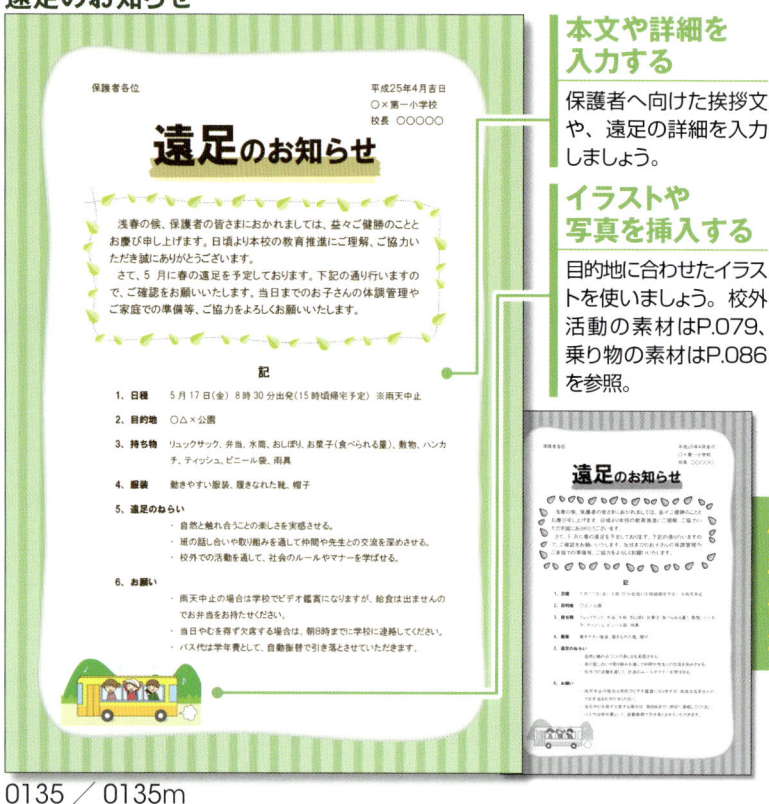

本文や詳細を入力する
保護者へ向けた挨拶文や、遠足の詳細を入力しましょう。

イラストや写真を挿入する
目的地に合わせたイラストを使いましょう。校外活動の素材はP.079、乗り物の素材はP.086を参照。

テキストの変更方法は **P.109参照**

イラストの変更方法は **P.115参照**

0135 ／ 0135m

バリエーション →

遠足のお知らせ
0136 ／ 0136m

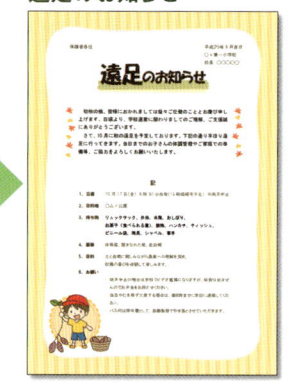

遠足のしおり（低学年向け）
0137 ／ 0137m

遠足のしおり（高学年向け）
0138 ／ 0138m

42　パパっとできる！先生と保護者のためのプリント＆イラスト集

Chapter01 ▶ 02gakkou ▶ 04ensoku ▶ color / monocro

01 テンプレート ▶ 02学校行事の配布物

社会科見学のお知らせ
0139 / 0139m

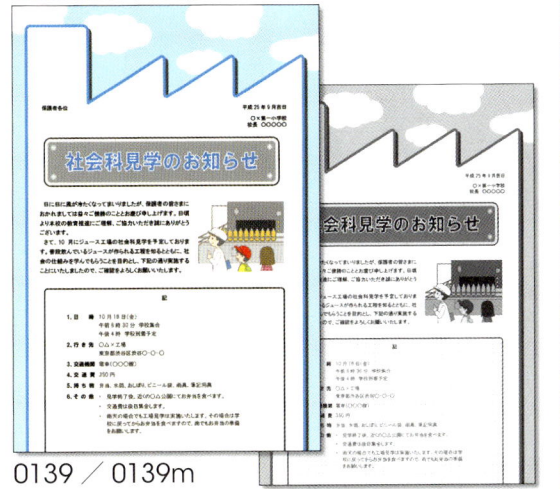

社会科見学のお知らせ
0140 / 0140m

社会科見学のしおり（低学年向け）
0141 / 0141m

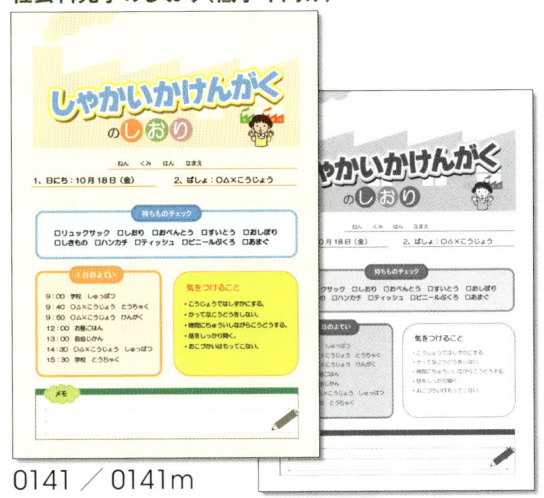

社会科見学のしおり（高学年向け）
0142 / 0142m

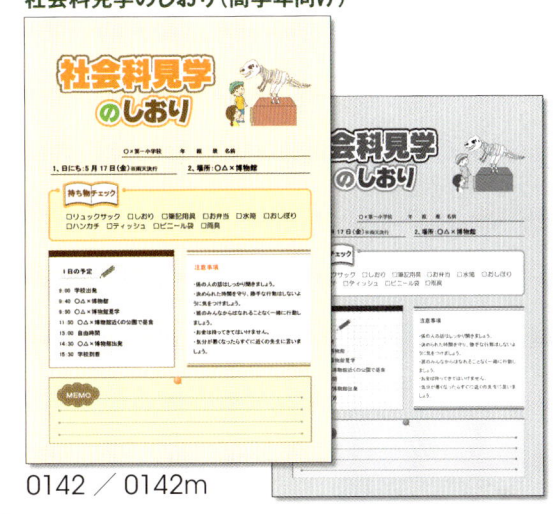

修学旅行のお知らせ
0143 / 0143m

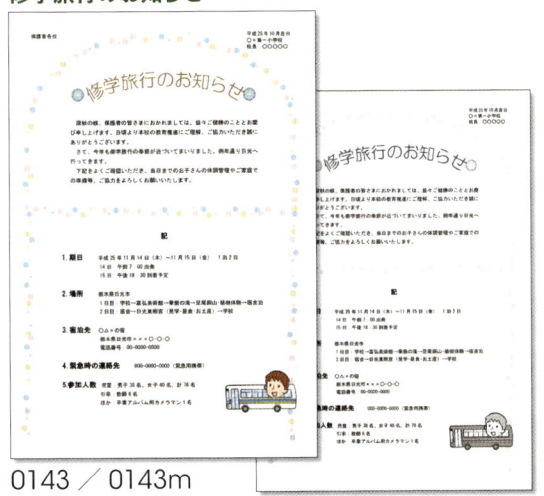

修学旅行のしおり
0144 / 0144m

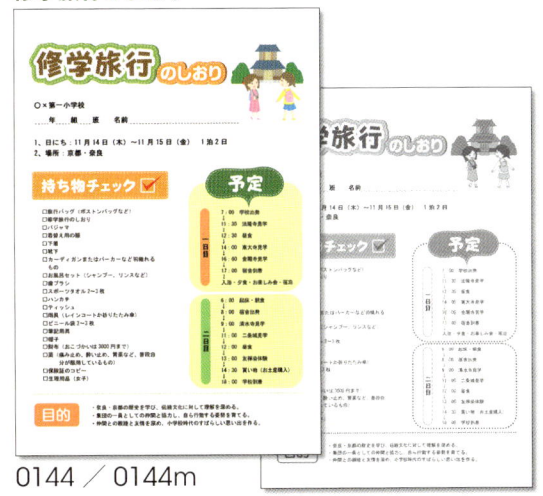

02 イラスト素材

03 テンプレート／イラストサンプルを活用しよう

43

Chapter01 テンプレート

02 学校行事の配布物

家庭訪問・授業参観・面談

家庭訪問・授業参観・面談のお知らせを記載した保護者向けの配布物です。
お知らせのみ、記入後に再提出してもらうもの、順路表など、用途によって使い分けましょう。

※サンプルで紹介している内容は一例です。アレンジすることでさまざまな配布物に使用できます。イラストが挿入されているものは、ほかのイラストに変更（P.115参照）するか、必要のない場合には削除（P.113参照）、または写真に変更（P.116参照）するなど、自由にアレンジしてください。

家庭訪問のお知らせ

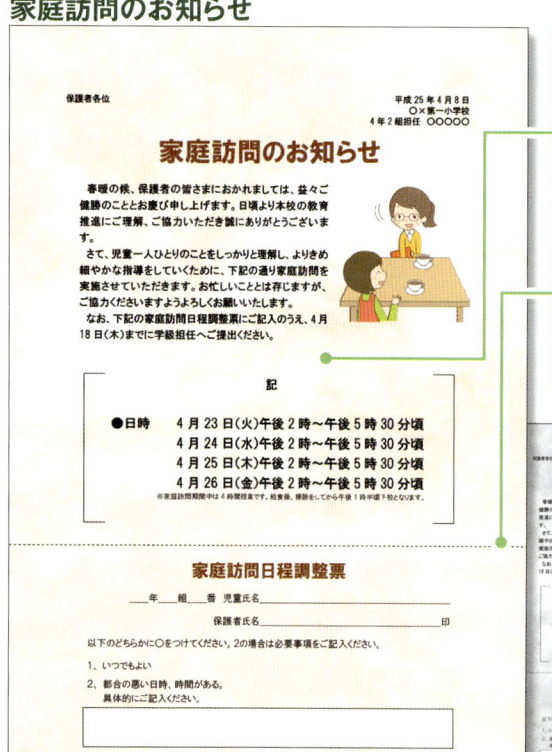

本文や詳細を入力する
保護者へ向けた挨拶文や、日時などの詳細を入力しましょう。

キリトリ線をつけて記入欄を作成する
「オートシェイプ」機能を使って点線を挿入しましょう。要提出ということがよりわかりやすくなります。

テキストの変更方法は **P.109参照**

図形の挿入方法は **P.120参照**

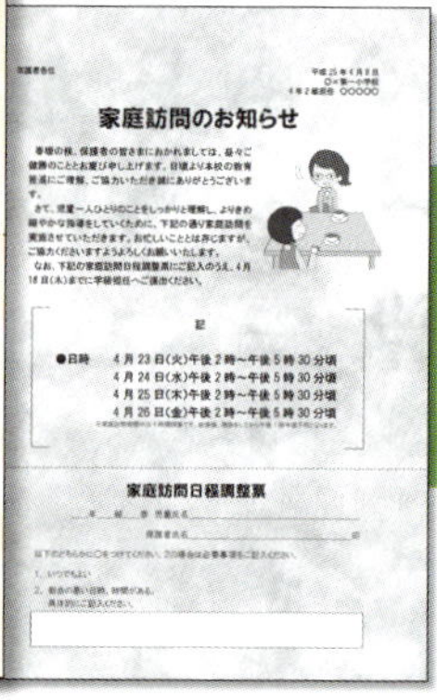

0145 ／ 0145m

バリエーション

家庭訪問のお知らせ

0146 ／ 0146m

家庭訪問の日程表

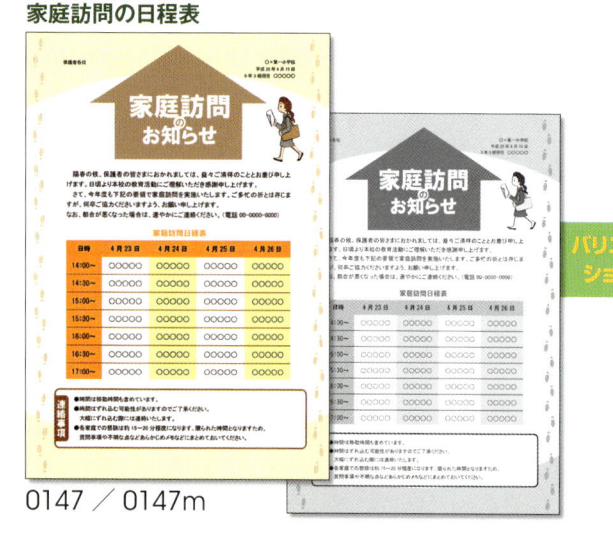

0147 ／ 0147m

バリエーション

家庭訪問の日程表

0148 ／ 0148m

Chapter01 ▶ 02gakkou ▶ 05kateihoumon ▶ color / monocro

授業参観のお知らせ

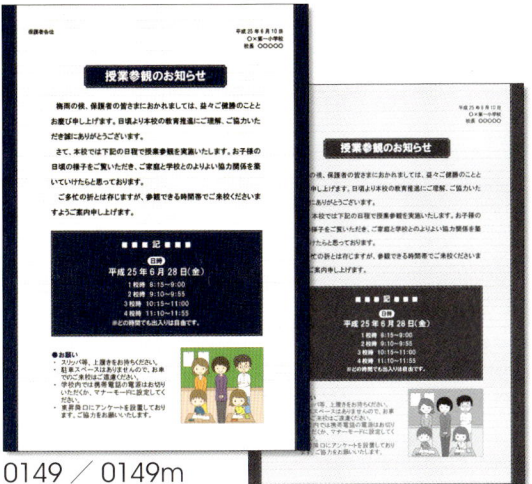

0149 / 0149m

授業参観のお知らせ

0150 / 0150m

二者面談のお知らせ

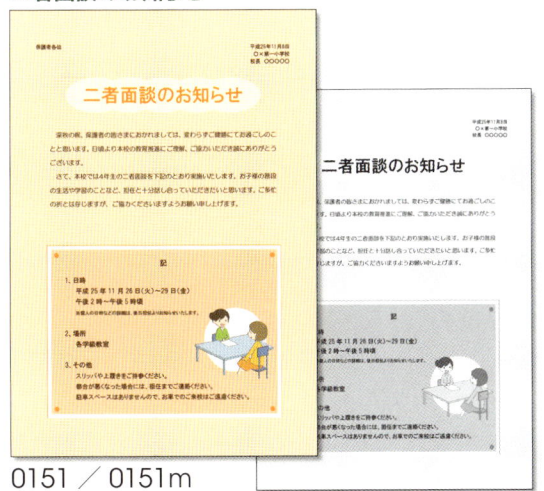

0151 / 0151m

二者面談のお知らせ

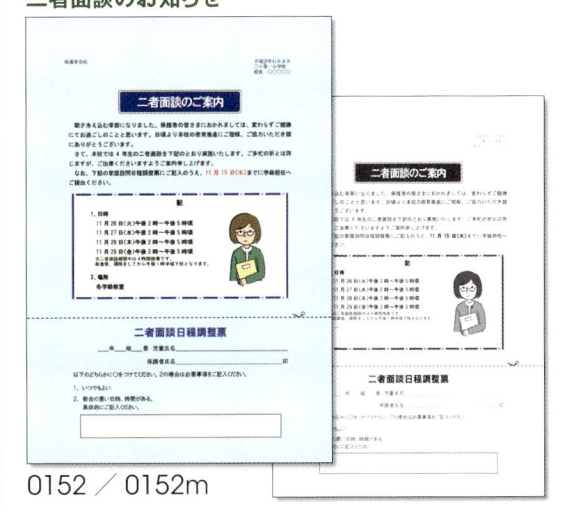

0152 / 0152m

二者面談の順路表

0153 / 0153m

二者面談の順路表

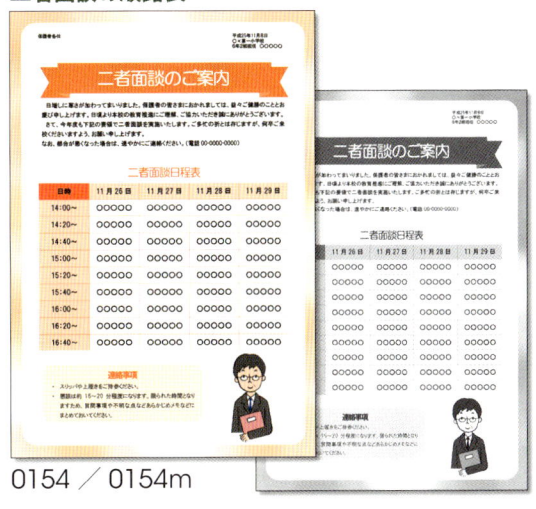

0154 / 0154m

01 テンプレート ▶ 02 学校行事の配布物

02 イラスト素材

03 テンプレート／イラストサンプルを活用しよう

45

Chapter01 テンプレート

02 学校行事の配布物

校内活動

主に学校全体で行われる活動についてのお知らせです。
定期的に発行する「学年だより」などとは別に配布することで、印象を強く与えることができます。

※サンプルで紹介している内容は一例です。アレンジすることでさまざまな配布物に使用できます。イラストが挿入されているものは、ほかのイラストに変更（P.115参照）するか、必要のない場合には削除（P.113参照）、または写真に変更（P.116参照）するなど、自由にアレンジしてください。

ベルマークだより

本文を入力する
協力を促す内容を入力しましょう。

イラストや写真を挿入する
活動内容に合わせたイラストを使いましょう。フレームも工夫するとよりわかりやすくなります。

テキストの変更方法は
P.109参照

イラストの変更方法は
P.115参照

ベルマークだより

バリエーション

0155 ／ 0155m
0156 ／ 0156m

交通安全運動のお知らせ

交通安全運動のお知らせ

バリエーション

0157 ／ 0157m
0158 ／ 0158m

46　パパっとできる！　先生と保護者のためのプリント＆イラスト集

Chapter01 ▶ 02gakkou ▶ 06kounai ▶ color / monocro

01 テンプレート▼02 学校行事の配布物

校内清掃のお知らせ

0159 / 0159m

不審者注意のお知らせ

0161 / 0161m

地域清掃のお知らせ

0160 / 0160m

弁当の日の案内

0162 / 0162m

02 イラスト素材

03 テンプレート・イラストサンプルを活用しよう

47

Chapter01 テンプレート

02 学校行事の配布物

保護者会・懇親会

保護者会に加え、教員と保護者の親睦を深めるための懇親会のお知らせです。
主に保護者向けなので、シンプルなデザインが特徴です。

※サンプルで紹介している内容は一例です。アレンジすることでさまざまな配布物に使用できます。イラストが挿入されているものは、ほかのイラストに変更（P.115参照）するか、必要のない場合には削除（P.113参照）、または写真に変更（P.116参照）するなど、自由にアレンジしてください。

本文や詳細を入力する
保護者へ向けた挨拶文や、日時などの詳細を入力しましょう。

テキストの変更方法は **P.109参照**

キリトリ線をつけて記入欄を作成する
「オートシェイプ」機能を使って点線を挿入しましょう。要提出ということがよりわかりやすくなります。

図形の挿入方法は **P.120参照**

イラストや写真を挿入する
先生と保護者の様子がイメージできるイラストを使いましょう。保護者会向けの素材はP.073、074を参照。

イラストの変更方法は **P.115参照**

0163 ／ 0163m

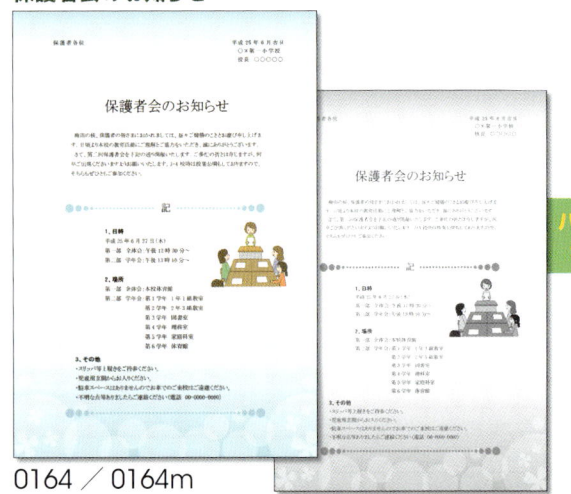

0164 ／ 0164m

→ バリエーション →

0165 ／ 0165m

48　パパっとできる！ 先生と保護者のためのプリント&イラスト集

Chapter01 ▶ 02gakkou ▶ 07hogosha ▶ color／monocro

懇親会のお知らせ

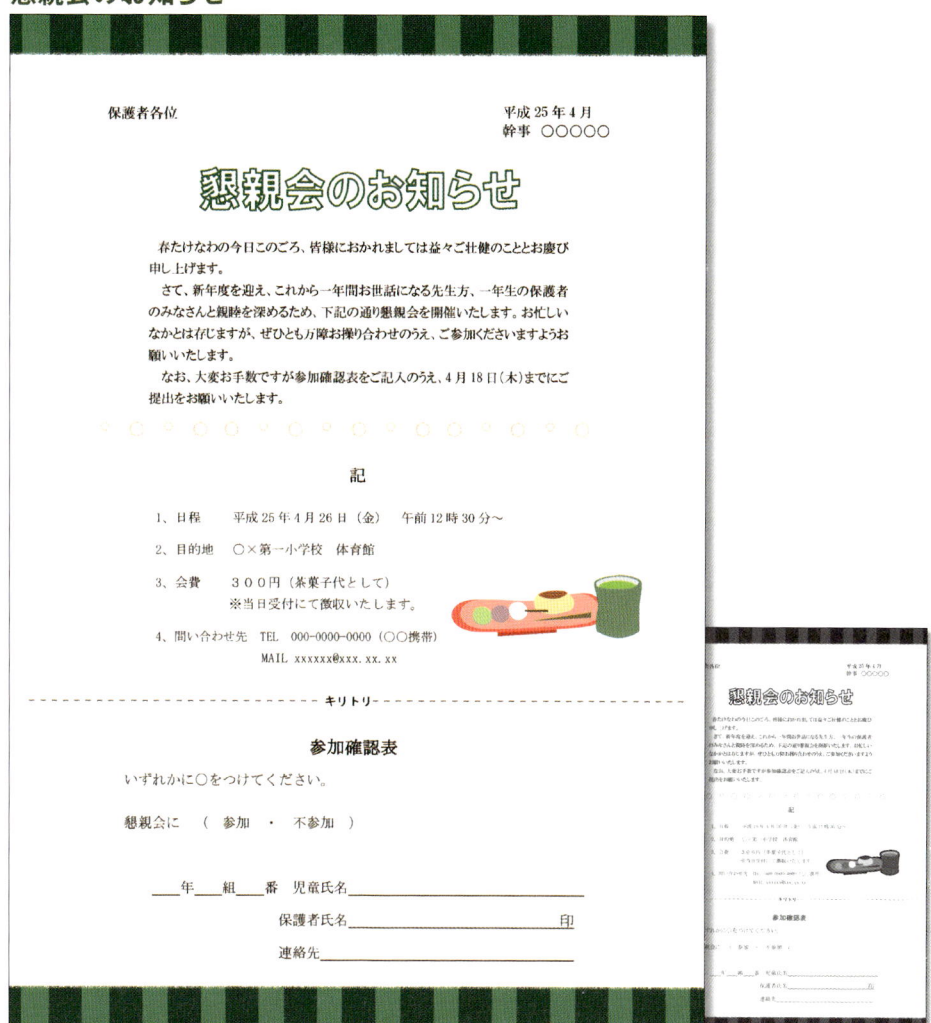

0166 ／ 0166m

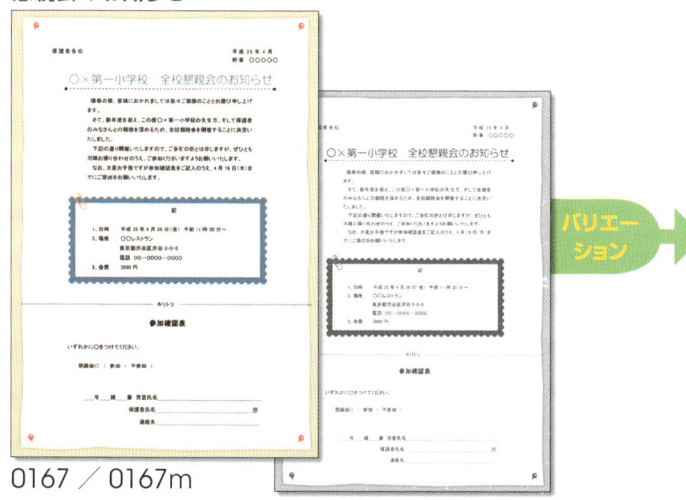

0167 ／ 0167m

バリエーション

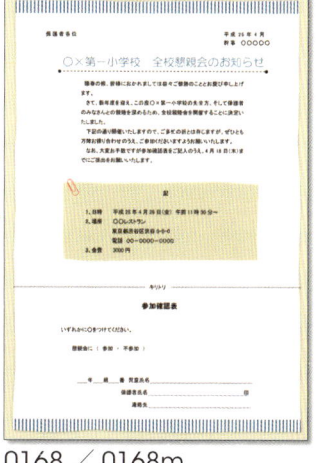

0168 ／ 0168m

01 テンプレート▼02学校行事の配布物

02 イラスト素材

03 テンプレート／イラストサンプルを活用しよう

49

Chapter01 テンプレート

03 学校・地域行事の配布物

運動会

ビッグイベントともいえる運動会の案内やプログラム、ポスターのテンプレートです。
楽しい1日になることを願うような、ポップで元気なデザインが特徴です。

※サンプルで紹介している内容は一例です。アレンジすることでさまざまな配布物に使用できます。イラストが挿入されているものは、ほかのイラストに変更（P.115参照）するか、必要のない場合には削除（P.113参照）、または写真に変更（P.116参照）するなど、自由にアレンジしてください。

運動会の案内（地域向け）

タイトルを入力・装飾する
「ワードアート」機能を使い、影やフチつきの文字でタイトルを目立たせましょう。

ワードアートの変更方法は　P.117参照

図形を挿入する
詳細は本文と分けて、「オートシェイプ」機能を使った図形のなかに記載しましょう。

図形の挿入方法は　P.120参照

運動会の案内（地域向け）

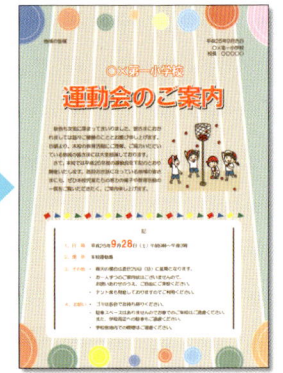

バリエーション

0169 ／ 0169m　　0170 ／ 0170m

運動会の案内（保護者向け）　　運動会の案内（保護者向け）

バリエーション

0171 ／ 0171m　　0172 ／ 0172m

50　パパっとできる！　先生と保護者のためのプリント＆イラスト集

Chapter01 ▶ 03chiiki ▶ 01undoukai ▶ color / monocro

01 テンプレート▼ 03学校・地域行事の配布物

運動会のプログラム

0173 ／ 0173m
運動をする子どもの
イラストで元気な雰
囲気を出しましょう。
素材はP.076以降
を参照。

バリエーション ▶

運動会のプログラム

0174 ／ 0174m

運動会のプログラム

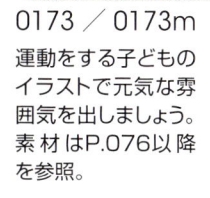

0175 ／ 0175m

◀ バリエーション

運動会のプログラム

0176 ／ 0176m

02 イラスト素材

03 テンプレート／イラストサンプルを活用しよう

51

03 運動会

Chapter01 テンプレート ▶ 学校・地域行事の配布物

Chapter01 ▶ 03chiiki ▶ 01undoukai ▶ color／monocro

運動会のポスター

平成25年度 ○×第一小学校
第68回
運動会
スローガン
力を合わせ勝利目指して一直線！
日時：平成25年9月28日（土） 午前9時～午後3時
※雨天の場合は翌日29日（日）に延期となります
場所：○×第一小学校運動場
※駐車場はありませんのでお車での来校はご遠慮ください

0177／0177m

バリエーション ▶

運動会のポスター

平成25年度
第68回
○×第一小学校
運動会
スローガン
力を合わせ勝利目指して一直線！
日時：平成25年9月28日（土）午前9時～午後3時
場所：○×第一小学校運動場

0178／0178m

運動会のポスター

第68回 平成25年度 ○×第一小学校
運動会
僕らの頑張りを見に来てください！
スローガン
心をひとつにめざせ優勝！
日時：平成25年9月28日（土）午前9時～午後3時
※雨天の場合は翌日29日（日）に延期となります
場所：○×第一小学校運動場
※駐車場はありませんのでお車での来校はご遠慮ください

0179／0179m

◀ バリエーション

運動会のポスター

0180／0180m

52　パパっとできる！　先生と保護者のためのプリント＆イラスト集

Chapter01 テンプレート

03 学校・地域行事の配布物

文化祭

自分の学校で開催する行事に適したデザインを選び、内容をアレンジして作成してみましょう。
表が挿入されているデザインの作成方法に関しては、P.122も参照してください。

※サンプルで紹介している内容は一例です。アレンジすることでさまざまな配布物に使用できます。イラストが挿入されているものは、ほかのイラストに変更（P.115参照）するか、必要のない場合には削除（P.113参照）、または写真に変更（P.116参照）するなど、自由にアレンジしてください。

文化祭の案内（地域向け）

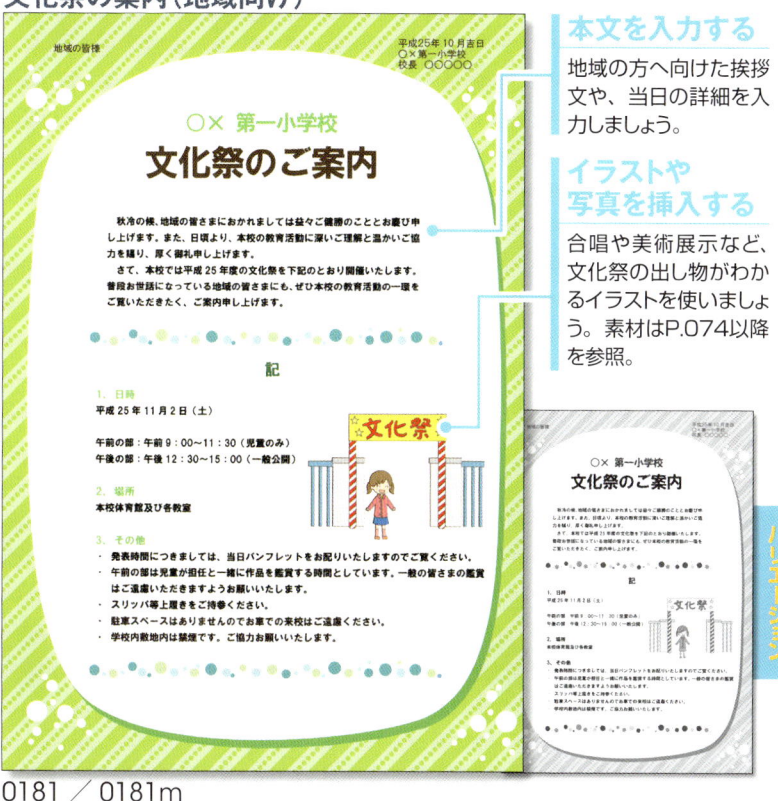

本文を入力する
地域の方へ向けた挨拶文や、当日の詳細を入力しましょう。

イラストや写真を挿入する
合唱や美術展示など、文化祭の出し物がわかるイラストを使いましょう。素材はP.074以降を参照。

テキストの変更方法は P.109参照
イラストの変更方法は P.115参照

0181 / 0181m

文化祭の案内（地域向け）

バリエーション

0182 / 0182m

文化祭の案内（保護者向け）

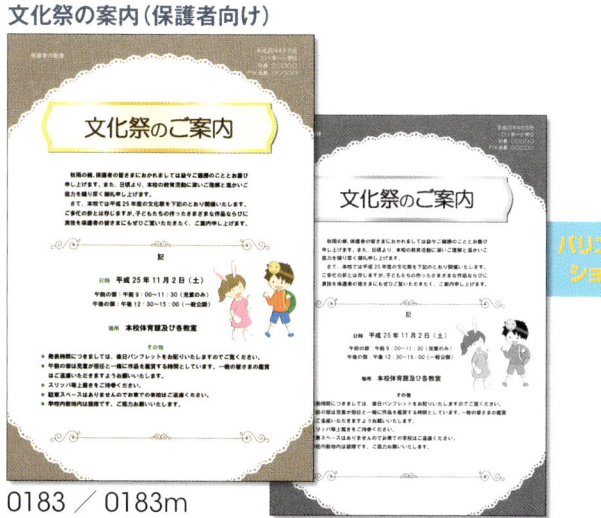

0183 / 0183m

バリエーション

文化祭の案内（保護者向け）

0184 / 0184m

53

03 文化祭

Chapter01 テンプレート ▶ 学校・地域行事の配布物

合唱コンクールのプログラム

0185 ／ 0185m

美術展覧会のパンフレット

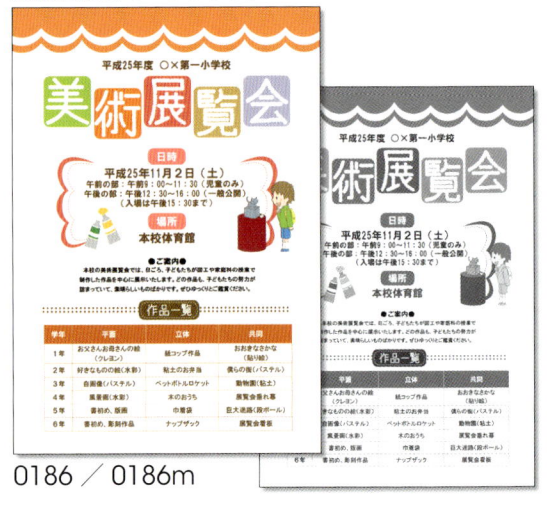

0186 ／ 0186m

学芸会のプログラム

0188 ／ 0188m

芸術発表会のパンフレット

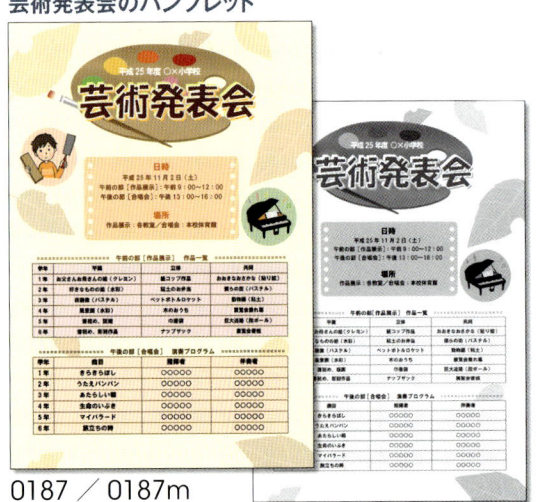

0187 ／ 0187m

Chapter01 ▶ 03chiiki ▶ 02bunkasai ▶ color／monocro

合唱コンクールのポスター

0189／0189m

文化祭のポスター

0191／0191m

美術展覧会のポスター

0190／0190m

学芸会のポスター

0192／0192m

01 テンプレート ▼ 03 学校・地域行事の配布物

02 イラスト素材

03 テンプレート／イラストサンプルを活用しよう

55

Chapter01 テンプレート

03 学校・地域行事の配布物

大会・お祭り

学校や地域で開催される各種大会・お祭りのお知らせやポスターです。
多くの人に参加してもらえるよう、わかりやすいデザインでアピールしましょう。

※サンプルで紹介している内容は一例です。アレンジすることでさまざまな配布物に使用できます。
イラストが挿入されているものは、ほかのイラストに変更（P.115参照）するか、必要のない場合
には削除（P.113参照）、または写真に変更（P.116参照）するなど、自由にアレンジしてください。

マラソン大会の案内

タイトルを入力・装飾する
「ワードアート」機能を使い、影やフチつきの文字でタイトルを目立たせましょう。

ワードアートの変更方法は **P.117参照**

本文や詳細を入力する
保護者や地域の方へ向けた挨拶文のほか、開催日時などの詳細を入力しましょう。

テキストの変更方法は **P.109参照**

イラストや写真を挿入する
競技種目やイベントに合ったイラストに変更するだけで、すぐにわかりやすい1枚になります。

イラストの変更方法は **P.115参照**

0193 ／ 0193m

バリエーション

球技大会の案内

0194 ／ 0194m

子供がドッジボールをしているイラストに変更したほか、丸いモチーフを多用して球技を強調。

写生大会の案内

キャンバスのプレートや、絵を描いている子どものイラストで、写生大会らしいデザインに。

0195 ／ 0195m

56

Chapter01 ▶ 03chiiki ▶ 03taikai ▶ color / monocro

球技大会のポスター

0196 ／ 0196m

マラソン大会のポスター

0197 ／ 0197m

写生大会のポスター

0198 ／ 0198m

01 テンプレート▼ 03学校・地域行事の配布物

02 イラスト素材

03 テンプレート／イラストサンプルを活用しよう

57

03 大会・お祭り

Chapter01 テンプレート ▶ 学校・地域行事の配布物

盆踊り大会のお知らせ

0199 ／ 0199m

ラジオ体操のお知らせ

0200 ／ 0200m

餅つき大会のお知らせ

0201 ／ 0201m

Chapter01 ▶ 03chiiki ▶ 03taikai ▶ color／monocro

ラジオ体操のポスター

0202 ／ 0202m

盆踊り大会のポスター

0203 ／ 0203m

餅つき大会のポスター

0204 ／ 0204m

01 テンプレート▼ 03学校・地域行事の配布物

02 イラスト素材

03 テンプレート・イラストサンプルを活用しよう

59

Chapter01 テンプレート

03 学校・地域行事の配布物

お楽しみ会

クリスマス会や観劇会、天体観測会など、わくわくするようなイベントのお知らせとポスターです。
期待のふくらむような、楽しげな1枚を作成してみましょう。

※サンプルで紹介している内容は一例です。アレンジすることでさまざまな配布物に使用できます。イラストが挿入されているものは、ほかのイラストに変更（P.115参照）するか、必要のない場合には削除（P.113参照）、または写真に変更（P.116参照）するなど、自由にアレンジしてください。

クリスマス会の案内

イラストや写真を挿入する
イベントの内容が想像できるイラストに変更しましょう。子どもの笑顔を入れて楽しげな印象に。

イラストの変更方法は ▶ P.115参照

記入欄を作成する
背景に色がある場合は「オートシェイプ」機能を使って白い図形を挿入し、記入しやすくしましょう。

図形の挿入方法は ▶ P.120参照

本文や詳細を入力する
イベントの内容や、開催日時などの詳細を入力しましょう。

テキストの変更方法は ▶ P.109参照

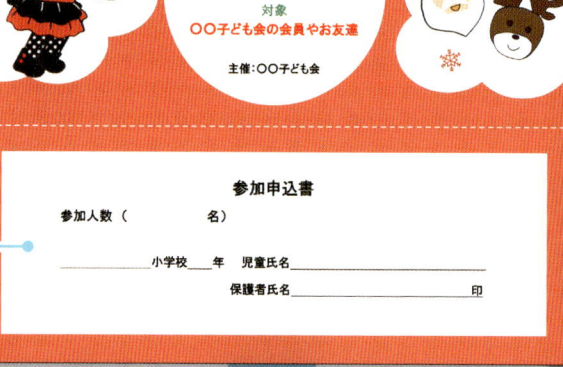

0205 ／ 0205m

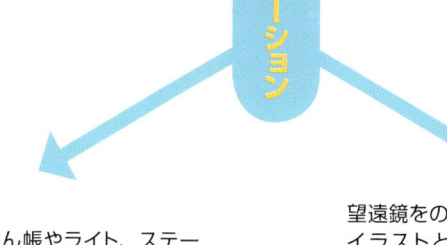

バリエーション

観劇会の案内

どん帳やライト、ステージのイラストで、観劇会を表現しました。

0206 ／ 0206m

天体観測会の案内

望遠鏡をのぞく子どものイラストと星空の背景で、天体観測会にふさわしい1枚に。

0207 ／ 0207m

60　パパっとできる！　先生と保護者のためのプリント＆イラスト集

Chapter01 ▶ 03chiiki ▶ 04otanoshimi ▶ color / monocro

01 テンプレート▼03学校・地域行事の配布物

観劇会のポスター

0208 ／ 0208m

02 イラスト素材

クリスマス会のポスター

0209 ／ 0209m

天体観測会のポスター

0210 ／ 0210m

03 テンプレート／イラストサンプルを活用しよう

61

Chapter01 テンプレート

03 学校・地域行事の配布物

教室

親子で参加できる料理教室をはじめ、空手や剣道といった各種教室を開催するお知らせです。子どもたちの興味を引きつけるようなキャッチコピーを入れましょう。

※サンプルで紹介している内容は一例です。アレンジすることでさまざまな配布物に使用できます。イラストが挿入されているものは、ほかのイラストに変更（P.115参照）するか、必要のない場合には削除（P.113参照）、または写真に変更（P.116参照）するなど、自由にアレンジしてください。

料理教室の案内

タイトルを入力・装飾する
「ワードアート」機能を使い、影やフチつきの文字でタイトルを目立たせましょう。

ワードアートの変更方法は　P.117参照

本文や詳細を入力する
イベントの内容や、開催日時などの詳細を入力しましょう。

テキストの変更方法は　P.109参照

キャッチコピーを入力する
参加してほしい人へ向けたキャッチコピーを入力しましょう。図形のなかに記載するとより目立たせることができます。

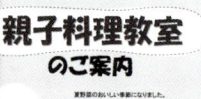

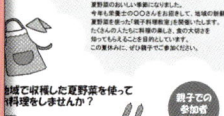

図形の挿入方法は　P.120参照

※イラストの変更方法はP.115を参照してください。

0211／0211m

親子料理教室 のご案内

夏野菜のおいしい季節になりました。
今年も栄養士の○○さんをお招きして、地域の新鮮な夏野菜を使った「親子料理教室」を開催いたします。
たくさんの人たちに料理の楽しさ、食の大切さを知ってもらえることを目的としています。
この夏休みに、ぜひ親子でご参加ください。

地域で収穫した夏野菜を使ってお料理をしませんか？

日	7月22日（月）
時間	午前9時半～午後1時
場所	○○地域センター　調理室
献立	★ポテトサラダ　★夏野菜の冷製パスタ　★トマトゼリー
対象	小学校3年生～6年生の親子
定員	25組
料金	親子2人分で2000円（子ども1人追加ごとに500円）
講師	○○○○○（栄養士）
持ち物	エプロン、三角巾、上履き

申し込み方法
電話かファックス、またはメールにてお知らせください。
TEL＆FAX　00-0000-0000
MAIL　0000000@xxxx.xx
（担当　○○○○○）
※定員に達した時点で締め切らせていただきます。

親子での参加者募集中！

バリエーション

0212／0212m
教室名を1字ずつカラフルな丸で囲み、よりポップな仕上がりに。

0213／0213m
書体を明朝体に変更したことで、落ち着いた印象になりました。

62

Chapter01 ▶ 03chiiki ▶ 05kyoshitsu ▶ color／monocro

裁縫教室の案内

0214 ／ 0214m

バリエーション ▶

0215 ／ 0215m

空手教室の案内

0216 ／ 0216m

バリエーション ▶

0217 ／ 0217m

剣道教室の案内

0218 ／ 0218m

バリエーション ▶

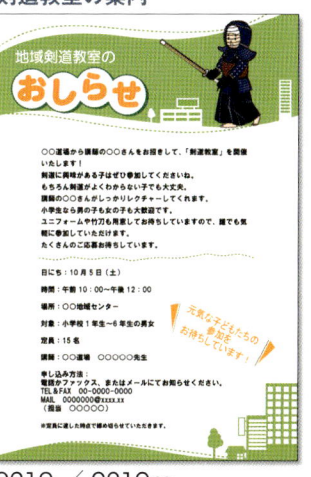

0219 ／ 0219m

01 テンプレート▼ 03 学校・地域行事の配布物

02 イラスト素材

03 テンプレート／イラストサンプルを活用しよう

63

Chapter01 テンプレート

03 学校・地域行事の配布物
クラブだより

地域のスポーツクラブや学童クラブ、児童館で配布するためのおたよりです。
クラブからのお知らせを明確に伝えるほか、季節感のあるデザインを心がけましょう。

※サンプルで紹介している内容は一例です。アレンジすることでさまざまな配布物に使用できます。イラストが挿入されているものは、ほかのイラストに変更（P.115参照）するか、必要のない場合には削除（P.113参照）、または写真に変更（P.116参照）するなど、自由にアレンジしてください。

野球クラブのクラブ通信（春）

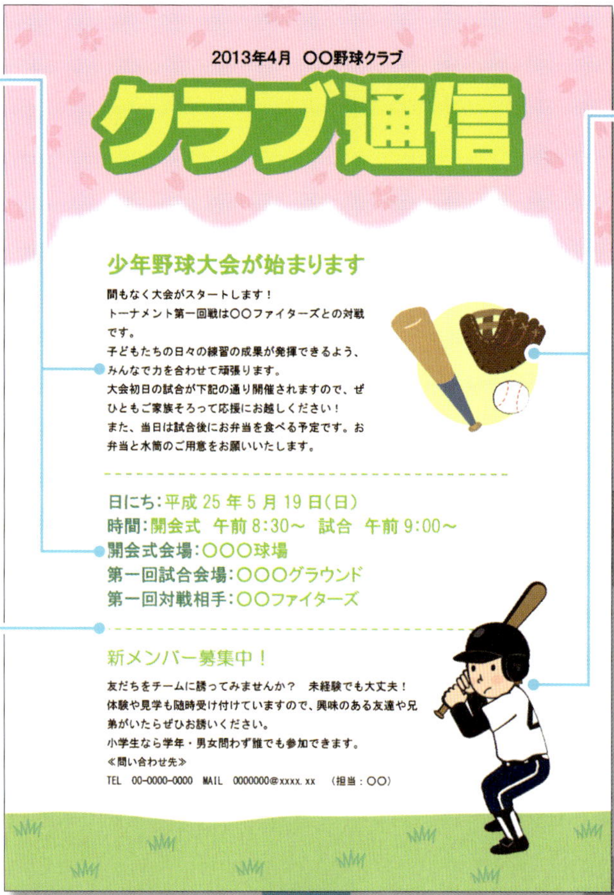

本文や詳細を入力する
クラブの活動内容や、試合日の詳細などを入力しましょう。

テキストの変更方法は ● P.109参照 ●

イラストや写真を挿入する
クラブ内容に合わせたイラストに変更しましょう。文科系はP.074以降、運動系はP.076以降の素材を参照。

イラストの変更方法は ● P.115参照 ●

ケイ線で区切る
本文との区切りをつけるために、「オートシェイプ」機能を使ってケイ線を挿入しましょう。

図形の挿入方法は ● P.120参照 ●

0220 ／ 0220m

バリエーション

野球クラブのクラブ通信（夏）
0221 ／ 0221m

青空の背景にして夏らしい印象に。野球ボールの大きなイラストでインパクトも重視。

野球クラブのクラブ通信（冬）
0222 ／ 0222m

レイアウトはそのままに、雪の降る背景で冬のイメージを強調。

64　ババっとできる！　先生と保護者のためのプリント＆イラスト集

Chapter01 ▶ 03chiiki ▶ 06club ▶ color / monocro

バレーボールクラブのクラブ通信（夏）

0223 / 0223m

バレーボールクラブのクラブ通信（秋）

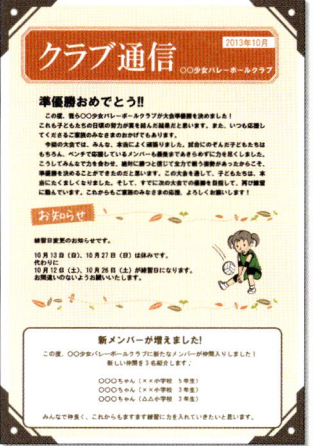

0224 / 0224m

学童クラブのクラブだより（春）

0225 / 0225m

学童クラブのクラブだより（秋）

0226 / 0226m

児童館のクラブだより（冬）

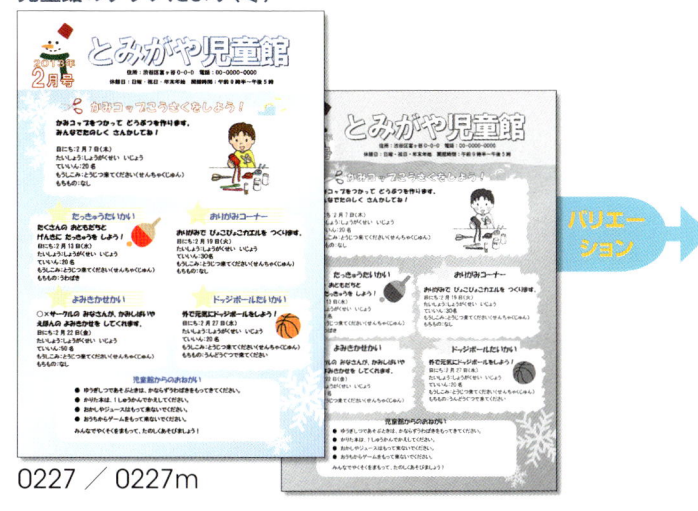

0227 / 0227m

児童館のクラブだより（夏）

0228 / 0228m

01 テンプレート▶03 学校・地域行事の配布物

02 イラスト素材

03 テンプレート／イラストサンプルを活用しよう

65

03 学校・地域行事の配布物

Chapter01 テンプレート　Chapter01 ▶ 03chiiki ▶ 07boshuu ▶ color／monocro

部員募集

地域のスポーツクラブなどで、部員募集の際に使用するポスターです。
インパクトのある元気いっぱいのデザインで、興味を引くポスターを作成しましょう。

※サンプルで紹介している内容は一例です。アレンジすることでさまざまな配布物に使用できます。イラストが挿入されているものは、ほかのイラストに変更（P.115参照）するか、必要のない場合には削除（P.113参照）、または写真に変更（P.116参照）するなど、自由にアレンジしてください。

サッカーチームの部員募集ポスター

チーム名を入力する
「ワードアート」機能を使って、チーム名を目立つところに入力しましょう。

ワードアートの変更方法は　P.117参照

キャッチコピーを入力する
参加してほしい人へ向けたキャッチコピーを入力しましょう。「ワードアート」機能を使えば文字を斜めにすることもできます。

※イラストの変更方法はP.115を参照してください。

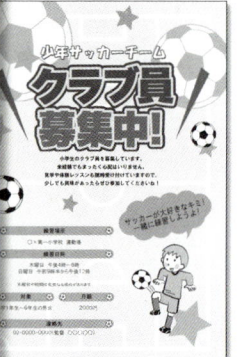

詳細を入力する
募集の対象や詳細を入力しましょう。

テキストの変更方法は　P.109参照

0229 ／ 0229m

ダンスクラブの部員募集ポスター

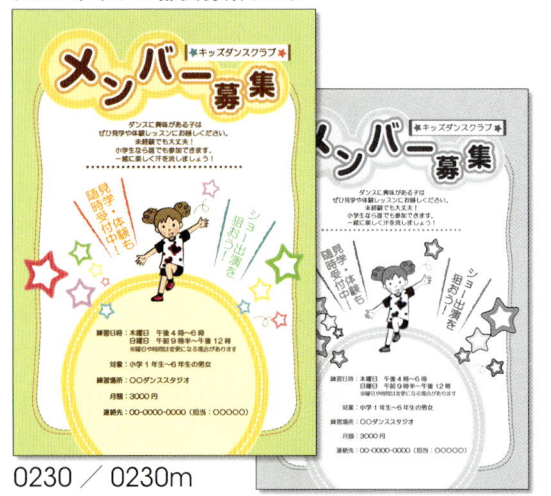

0230 ／ 0230m

野球チームの部員募集ポスター

0231 ／ 0231m

66　パパっとできる！　先生と保護者のためのプリント&イラスト集

Chapter 02

イラスト素材
Illustration

子どもや動物、季節のイラストなどをはじめ、飾りケイやフレーム、背景まで、便利なイラスト素材を多数集めました。おやよりの内容に合わせて差し替えたり、追加したりしましょう。

※イラスト素材はすべてカラー版とモノクロ版の2種類が収録されています（モノクロ版は誌面には掲載されていません）。モノクロ版はファイル名の末尾に「m」がついています。

※イラスト素材の画像形式は、「12 背景」が「JPEG」、それ以外が「PNG」になっています。「PNG」データは背景が透明になっているので、素材同士を重ねて利用することができます。

01 子どもの生活／季節の行事

Chapter02 イラスト素材

0232 ／ 0232m

0233 ／ 0233m

0234 ／ 0234m

0235 ／ 0235m

0236 ／ 0236m

0237 ／ 0237m

0238 ／ 0238m

0239 ／ 0239m

0240 ／ 0240m

0241 ／ 0241m

0242 ／ 0242m

0243 ／ 0243m

0244 ／ 0244m

0245 ／ 0245m

0246 ／ 0246m

Chapter02 ▶ 01kodomo ▶ color／monocro

0247／0247m　0248／0248m　0249／0249m

0250／0250m　0251／0251m　0252／0252m

0253／0253m　0254／0254m　0255／0255m

0256／0256m　0257／0257m　0258／0258m

0259／0259m　0260／0260m　0261／0261m

01 テンプレート

02 イラスト素材 ▼ 01子どもの生活

03 テンプレート／イラストサンプルを活用しよう

69

Chapter02 イラスト素材 ▶ 子どもの生活／季節の行事・授業・登下校

0262 / 0262m
0263 / 0263m 
0264 / 0264m 

0265 / 0265m
0266 / 0266m 
0267 / 0267m 

0268 / 0268m
0269 / 0269m 
0270 / 0270m 

0271 / 0271m 
0272 / 0272m 
0273 / 0273m

0274 / 0274m
0275 / 0275m 
0276 / 0276m

Chapter02　01kodomo　color／monocro

0277／0277m

0278／0278m

0279／0279m

0280／0280m

0281／0281m

0282／0282m

0283／0283m

0284／0284m

0285／0285m

0286／0286m

0287／0287m

0288／0288m

0289／0289m

0290／0290m

0291／0291m

01 テンプレート

02 イラスト素材 ▼ 01子どもの生活

03 テンプレート／イラストサンプルを活用しよう

71

Chapter02 イラスト素材 ▶ 子どもの生活／登下校・給食・清掃・面談・参観

0292 ／ 0292m

0293 ／ 0293m

0294 ／ 0294m

0295 ／ 0295m

0296 ／ 0296m

0297 ／ 0297m

0298 ／ 0298m

0299 ／ 0299m

0300 ／ 0300m

0301 ／ 0301m

0302 ／ 0302m

0303 ／ 0303m

0304 ／ 0304m

0305 ／ 0305m

0306 ／ 0306m

Chapter02　01kodomo　color / monocro

0307 / 0307m 　　0308 / 0308m 　　0309 / 0309m

0310 / 0310m 　　0311 / 0311m　　0312 / 0312m

0313 / 0313m 　　0314 / 0314m 　　0315 / 0315m

0316 / 0316m 　　0317 / 0317m 　　0318 / 0318m

0319 / 0319m 　　0320 / 0320m 　　0321 / 0321m

01 テンプレート

02 イラスト素材 ▼ 01子どもの生活

03 テンプレート／イラストサンプルを活用しよう

73

Chapter02 イラスト素材 ▶ 子どもの生活／PTA・防災訓練・文科系科目

0322 ／ 0322m

0323 ／ 0323m

0324 ／ 0324m

0325 ／ 0325m

0326 ／ 0326m

0327 ／ 0327m

0328 ／ 0328m

0329 ／ 0329m

0330 ／ 0330m

0331 ／ 0331m

0332 ／ 0332m

0333 ／ 0333m

0334 ／ 0334m

0335 ／ 0335m

0336 ／ 0336m

74　パパっとできる！　先生と保護者のためのプリント＆イラスト集

Chapter02 ▶ 01kodomo ▶ color / monocro

0337 / 0337m	 0338 / 0338m	 0339 / 0339m
 0340 / 0340m	 0341 / 0341m	0342 / 0342m
 0343 / 0343m	 0344 / 0344m	 0345 / 0345m
 0346 / 0346m	 0347 / 0347m	 0348 / 0348m
 0349 / 0349m	 0350 / 0350m	 0351 / 0351m

01 テンプレート

02 イラスト素材 ▶ 01子どもの生活

03 テンプレート／イラストサンプルを活用しよう

75

Chapter02 イラスト素材 ▶ 子どもの生活／運動

0352 ／ 0352m

0353 ／ 0353m

0354 ／ 0354m

0355 ／ 0355m

0356 ／ 0356m

0357 ／ 0357m

0358 ／ 0358m

0359 ／ 0359m

0360 ／ 0360m

0361 ／ 0361m

0362 ／ 0362m

0363 ／ 0363m

0364 ／ 0364m

0365 ／ 0365m

0366 ／ 0366m

Chapter02 ▶ 01kodomo ▶ color / monocro

0367 / 0367m
0368 / 0368m 
0369 / 0369m 

0370 / 0370m
0371 / 0371m 
0372 / 0372m 

0373 / 0373m
0374 / 0374m 
0375 / 0375m 

0376 / 0376m
0377 / 0377m 
0378 / 0378m 

0379 / 0379m
0380 / 0380m
0381 / 0381m 

01 テンプレート

02 イラスト素材 ▼ 01子どもの生活

03 テンプレート／イラストサンプルを活用しよう

77

Chapter02　イラスト素材 ▶ 子どもの生活／運動・遊び・校外活動

0382 ／ 0382m　　　0383 ／ 0383m　　　0384 ／ 0384m

0385 ／ 0385m　　　0386 ／ 0386m　　　0387 ／ 0387m

0388 ／ 0388m　　　0389 ／ 0389m　　　0390 ／ 0390m

0391 ／ 0391m　　　0392 ／ 0392m　　　0393 ／ 0393m

0394 ／ 0394m　　　0395 ／ 0395m　　　0396 ／ 0396m

78　パパっとできる！　先生と保護者のためのプリント＆イラスト集

Chapter02 ▶ 01kodomo ▶ color / monocro

0397 / 0397m  　　0398 / 0398m  　　0399 / 0399m

0400 / 0400m  　　0401 / 0401m  　　0402 / 0402m

0403 / 0403m  　　0404 / 0404m  　　0405 / 0405m

0406 / 0406m  　　0407 / 0407m  　　0408 / 0408m

0409 / 0409m  　　0410 / 0410m  　　0411 / 0411m

01 テンプレート

02 イラスト素材 ▼ 01子どもの生活

03 テンプレート／イラストサンプルを活用しよう

79

Chapter02 イラスト素材 ▶ 子どもの生活／校外活動・健康・安全・人物

0412 ／ 0412m　　0413 ／ 0413m　　0414 ／ 0414m

0415 ／ 0415m　　0416 ／ 0416m　　0417 ／ 0417m

0418 ／ 0418m　　0419 ／ 0419m　　0420 ／ 0420m

0421 ／ 0421m　　0422 ／ 0422m　　0423 ／ 0423m

0424 ／ 0424m　　0425 ／ 0425m　　0426 ／ 0426m

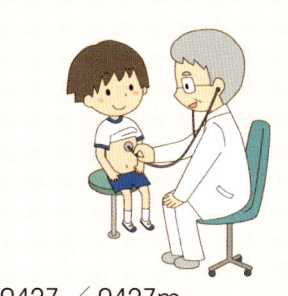

Chapter02 ▶ 01kodomo ▶ color / monocro

0427 / 0427m 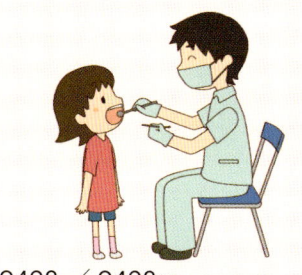　　0428 / 0428m　　0429 / 0429m

0430 / 0430m 　　0431 / 0431m 　　0432 / 0432m

0433 / 0433m 　　0434 / 0434m 　　0435 / 0435m

0436 / 0436m 　　0437 / 0437m 　　0438 / 0438m

0439 / 0439m 　　0440 / 0440m 　　0441 / 0441m

01 テンプレート

02 イラスト素材 ▼ 01子どもの生活

03 テンプレート／イラストサンプルを活用しよう

81

Chapter02 イラスト素材 ▶ 子どもの生活／人物

Chapter02　01kodomo　color／monocro

0442／0442m

0443／0443m

0444／0444m

0445／0445m

0446／0446m

0447／0447m

0448／0448m

0449／0449m

0450／0450m

0451／0451m

0452／0452m

0453／0453m

0454／0454m

0455／0455m

0456／0456m

02 動物・虫

Chapter02 イラスト素材

Chapter02 / 02doubutsu / color / monocro

0457 / 0457m	0458 / 0458m	0459 / 0459m
0460 / 0460m	0461 / 0461m	0462 / 0462m
0463 / 0463m	0464 / 0464m	0465 / 0465m
0466 / 0466m	0467 / 0467m	0468 / 0468m
0469 / 0469m	0470 / 0470m	0471 / 0471m

Chapter02 イラスト素材 ▶ 動物・虫

Chapter02 ▶ 02doubutsu ▶ color / monocro

0472／0472m

0473／0473m

0474／0474m

0475／0475m

0476／0476m

0477／0477m

0478／0478m

0479／0479m

0480／0480m

0481／0481m

0482／0482m

0483／0483m

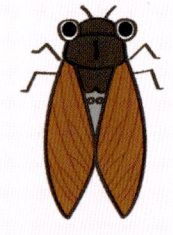

0484／0484m

0485／0485m

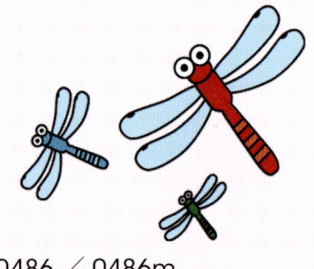

0486／0486m

84　パパっとできる！　先生と保護者のためのプリント＆イラスト集

03 干支・星座

Chapter02 イラスト素材

Chapter02 / 03eto_seiza / color / monocro

0487 / 0487m	 0488 / 0488m	 0489 / 0489m	 0490 / 0490m
 0491 / 0491m	 0492 / 0492m	 0493 / 0493m	 0494 / 0494m
 0495 / 0495m	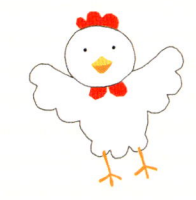 0496 / 0496m	 0497 / 0497m	 0498 / 0498m
 0499 / 0499m	 0500 / 0500m	 0501 / 0501m	 0502 / 0502m
 0503 / 0503m	 0504 / 0504m	 0505 / 0505m	 0506 / 0506m
 0507 / 0507m	 0508 / 0508m	 0509 / 0509m	 0510 / 0510m

01 テンプレート

02 イラスト素材 ▼ 02動物・虫 / 03干支・星座

03 テンプレート / イラストサンプルを活用しよう

04 乗り物・建物

Chapter02 イラスト素材

Chapter02 ▶ 04norimono ▶ color / monocro

0511 / 0511m	 0512 / 0512m	 0513 / 0513m	 0514 / 0514m
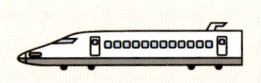 0515 / 0515m	 0516 / 0516m	 0517 / 0517m	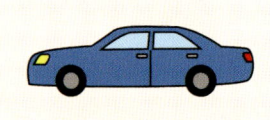 0518 / 0518m
 0519 / 0519m	0520 / 0520m	 0521 / 0521m	 0522 / 0522m
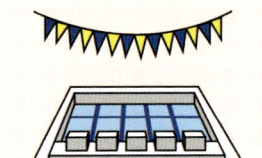 0523 / 0523m	 0524 / 0524m	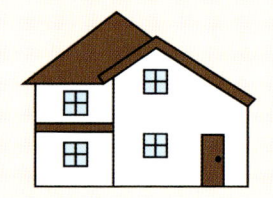 0525 / 0525m	 0526 / 0526m
 0527 / 0527m	 0528 / 0528m	0529 / 0529m	 0530 / 0530m
 0531 / 0531m	0532 / 0532m	 0533 / 0533m	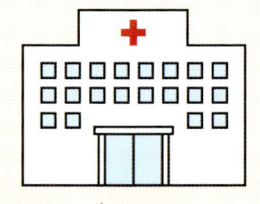 0534 / 0534m

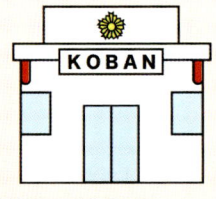

05 Chapter02 イラスト素材
学校・家庭で使う物

Chapter02　05gakkou_katei　color / monocro

0535 / 0535m
0536 / 0536m 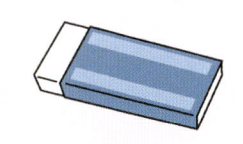
0537 / 0537m 
0538 / 0538m 

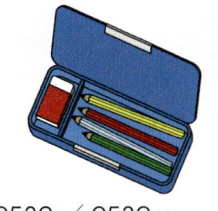

0539 / 0539m
0540 / 0540m 
0541 / 0541m 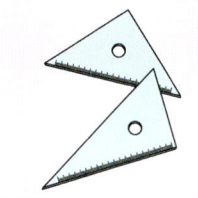
0542 / 0542m 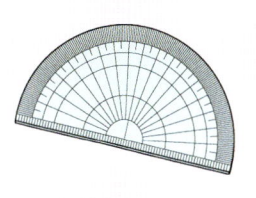

0543 / 0543m
0544 / 0544m 
0545 / 0545m 
0546 / 0546m 

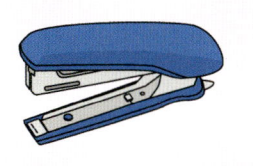

0547 / 0547m
0548 / 0548m 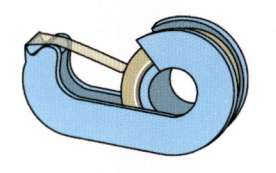
0549 / 0549m 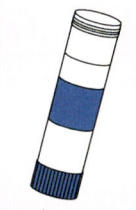
0550 / 0550m 

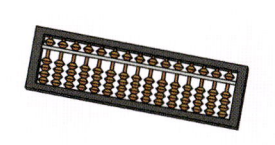

0551 / 0551m
0552 / 0552m 
0553 / 0553m 
0554 / 0554m 

0555 / 0555m
0556 / 0556m 
0557 / 0557m 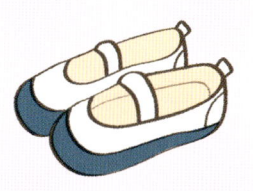
0558 / 0558m

Chapter02 イラスト素材 ▶ 学校・家庭で使う物

0559 / 0559m	 0560 / 0560m	 0561 / 0561m	 0562 / 0562m
 0563 / 0563m	 0564 / 0564m	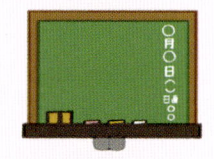 0565 / 0565m	 0566 / 0566m
 0567 / 0567m	 0568 / 0568m	 0569 / 0569m	 0570 / 0570m
 0571 / 0571m	 0572 / 0572m	 0573 / 0573m	0574 / 0574m
 0575 / 0575m	 0576 / 0576m	 0577 / 0577m	 0578 / 0578m
 0579 / 0579m	 0580 / 0580m	 0581 / 0581m	 0582 / 0582m

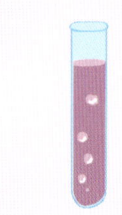

88　パパっとできる！　先生と保護者のためのプリント＆イラスト集

Chapter02　05gakkou_katei　color / monocro

0583 / 0583m	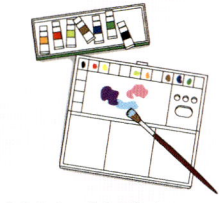 0584 / 0584m	 0585 / 0585m	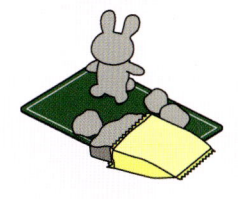 0586 / 0586m
 0587 / 0587m	 0588 / 0588m	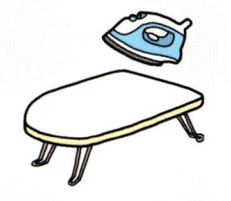 0589 / 0589m	 0590 / 0590
 0591 / 0591m	 0592 / 0592m	 0593 / 0593m	 0594 / 0594m
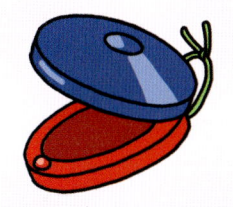 0595 / 0595m	 0596 / 0596m	 0597 / 0597m	 0598 / 0598m
0599 / 0599m	 0600 / 0600m	 0601 / 0601m	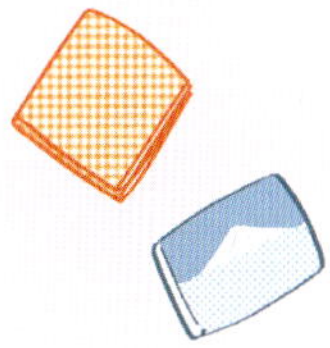 0602 / 0602m
 0603 / 0603m	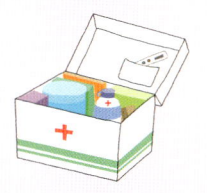 0604 / 0604m	0605 / 0605m	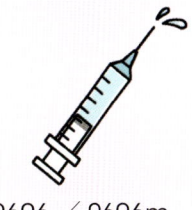 0606 / 0606m

01 テンプレート

02 イラスト素材 ▼ 05 学校・家庭で使う物

03 テンプレート／イラストサンプルを活用しよう

89

Chapter02 イラスト素材 ▶ 学校・家庭で使う物

Chapter02　05gakkou_katei　color / monocro

0607 / 0607m	0608 / 0608m	0609 / 0609m	0610 / 0610m
0611 / 0611m	0612 / 0612m	0613 / 0613m	0614 / 0614m
0615 / 0615m	0616 / 0616m	0617 / 0617m	0618 / 0618m
0619 / 0619m	0620 / 0620m	0621 / 0621m	0622 / 0622m
0623 / 0623m	0624 / 0624m	0625 / 0625m	0626 / 0626m
0627 / 0627m	0628 / 0628m	0629 / 0629m	0630 / 0630m

06 季節のワンポイント

Chapter02 イラスト素材

Chapter02 ▶ 06kisetsu ▶ color / monocro

0631 / 0631m	0632 / 0632m	0633 / 0633m	0634 / 0634m
0635 / 0635m	0636 / 0636m	0637 / 0637m	0638 / 0638m
0639 / 0639m	0640 / 0640m	0641 / 0641m	0642 / 0642m
0643 / 0643m	0644 / 0644m	0645 / 0645m	0646 / 0646m
0647 / 0647m	0648 / 0648m	0649 / 0649m	0650 / 0650m
0651 / 0651m	0652 / 0652m	0653 / 0653m	0654 / 0654m

Chapter02 イラスト素材 ▶ 季節のワンポイント

Chapter02 ▶ 06kisetsu ▶ color / monocro

0655 / 0655m	0656 / 0656m	0657 / 0657m	0658 / 0658m
0659 / 0659m	0660 / 0660m	0661 / 0661m	0662 / 0662m
0663 / 0663m	0664 / 0664m	0665 / 0665m	0666 / 0666m
0667 / 0667m	0668 / 0668m	0669 / 0669m	0670 / 0670m
0671 / 0671m	0672 / 0672m	0673 / 0673m	0674 / 0674m
0675 / 0675m	0676 / 0676m	0677 / 0677m	0678 / 0678m

07 食べ物

Chapter02 イラスト素材

Chapter02 ▶ 07tabemono ▶ color / monocro

0679 / 0679m	 0680 / 0680m	 0681 / 0681m	 0682 / 0682m
 0683 / 0683m	 0684 / 0684m	 0685 / 0685m	 0686 / 0686m
 0687 / 0687m	 0688 / 0688m	 0689 / 0689m	 0690 / 0690m
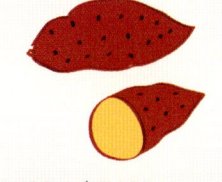 0691 / 0691m	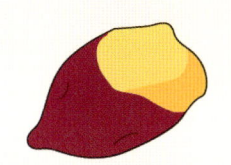 0692 / 0692m	 0693 / 0693m	 0694 / 0694m
 0695 / 0695m	 0696 / 0696m	 0697 / 0697m	 0698 / 0698m
 0699 / 0699m	 0700 / 0700m	 0701 / 0701m	 0702 / 0702m

01 テンプレート

02 イラスト素材 ▼ 06季節のワンポイント／07食べ物

03 テンプレート／イラストサンプルを活用しよう

93

Chapter02 イラスト素材 ▶ 食べ物

Chapter02　07tabemono　color / monocro

0703 / 0703m	0704 / 0704m	0705 / 0705m	0706 / 0706m
0707 / 0707m	0708 / 0708m	0709 / 0709m	0710 / 0710m
0711 / 0711m	0712 / 0712m	0713 / 0713m	0714 / 0714m
0715 / 0715m	0716 / 0716m	0717 / 0717m	0718 / 0718m
0719 / 0719m	0720 / 0720m	0721 / 0721m	0722 / 0722m
0723 / 0723m	0724 / 0724m	0725 / 0725m	0726 / 0726m

08 植物

Chapter02 イラスト素材

0727 / 0727m	 0728 / 0728m	 0729 / 0729m	 0730 / 0730m	 0731 / 0731m
 0732 / 0732m	 0733 / 0733m	 0734 / 0734m	 0735 / 0735m	 0736 / 0736m
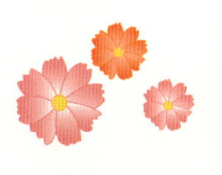 0737 / 0737m	 0738 / 0738m	 0739 / 0739m	 0740 / 0740m	 0741 / 0741m
 0742 / 0742m	 0743 / 0743m	 0744 / 0744m	 0745 / 0745m	 0746 / 0746m
 0747 / 0747m	 0748 / 0748m	 0749 / 0749m	 0750 / 0750m	 0751 / 0751m
 0752 / 0752m	 0753 / 0753m	 0754 / 0754m	 0755 / 0755m	 0756 / 0756m

09 文字

Chapter02 イラスト素材

入学式
0757 / 0757m

にゅうがく おめでとう
0758 / 0758m

一年生をむかえる会
0759 / 0759m

子どもの日
0760 / 0760m

母の日
0761 / 0761m

父の日
0762 / 0762m

節分
0763 / 0763m

ひなまつり
0764 / 0764m

六年生をおくる会
0765 / 0765m

卒業証書授与式
0766 / 0766m

1学期
0767 / 0767m

2学期
0768 / 0768m

3学期
0769 / 0769m

始業式
0770 / 0770m

終業式
0771 / 0771m

修了式
0772 / 0772m

写生大会
0773 / 0773m

盆踊り大会
0774 / 0774m

Chapter02 ▶ 09moji ▶ color / monocro

ラジオ体操
0775 / 0775m

球技大会
0776 / 0776m

運動会
0777 / 0777m

文化祭
0778 / 0778m

学芸会
0779 / 0779m

美術展覧会
0780 / 0780m

合唱コンクール
0781 / 0781m

クリスマス会
0782 / 0782m

Merry Christmas
0783 / 0783m

えんそく
0784 / 0784m

遠足
0785 / 0785m

しゃかいかけんがく
0786 / 0786m

社会科見学
0787 / 0787m

修学旅行
0788 / 0788m

もちつき大会
0789 / 0789m

マラソン大会
0790 / 0790m

天体観測会
0791 / 0791m

学級だより
0792 / 0792m

01 テンプレート
02 イラスト素材 ▼ 09文字
03 テンプレート／イラストサンプルを活用しよう

97

Chapter02 イラスト素材 ▶ 文字

Chapter02 ▶ 09moji ▶ color / monocro

学年だより	給食だより	 今月の献立
0793 ／ 0793m	0794 ／ 0794m	0795 ／ 0795m
 保健だより	 PTA通信	 クラブ通信
0796 ／ 0796m	0797 ／ 0797m	0798 ／ 0798m
 部員募集中	 メンバー募集	 今月のよてい
0799 ／ 0799m	0800 ／ 0800m	0801 ／ 0801m
 予定	 今月のめあて	目標
0802 ／ 0802m	0803 ／ 0803m	0804 ／ 0804m
 スローガン	 注意事項	 ごあんない
0805 ／ 0805m	0806 ／ 0806m	0807 ／ 0807m
 おしらせ	 プログラム	 プログラム
0808 ／ 0808m	0809 ／ 0809m	0810 ／ 0810m

10 飾りケイ

Chapter02 イラスト素材

Chapter02 / 10kei / color / monocro

0811 / 0811m

0812 / 0812m

0813 / 0813m

0814 / 0814m

0815 / 0815m

0816 / 0816m

0817 / 0817m

0818 / 0818m

0819 / 0819m

0820 / 0820m

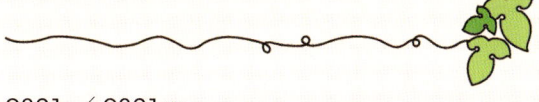

0821 / 0821m

0822 / 0822m

0823 / 0823m

0824 / 0824m

0825 / 0825m

0826 / 0826m

0827 / 0827m

0828 / 0828m

01 テンプレート

02 イラスト素材 ▼ 09 文字 / 10 飾りケイ

03 テンプレート / イラストサンプルを活用しよう

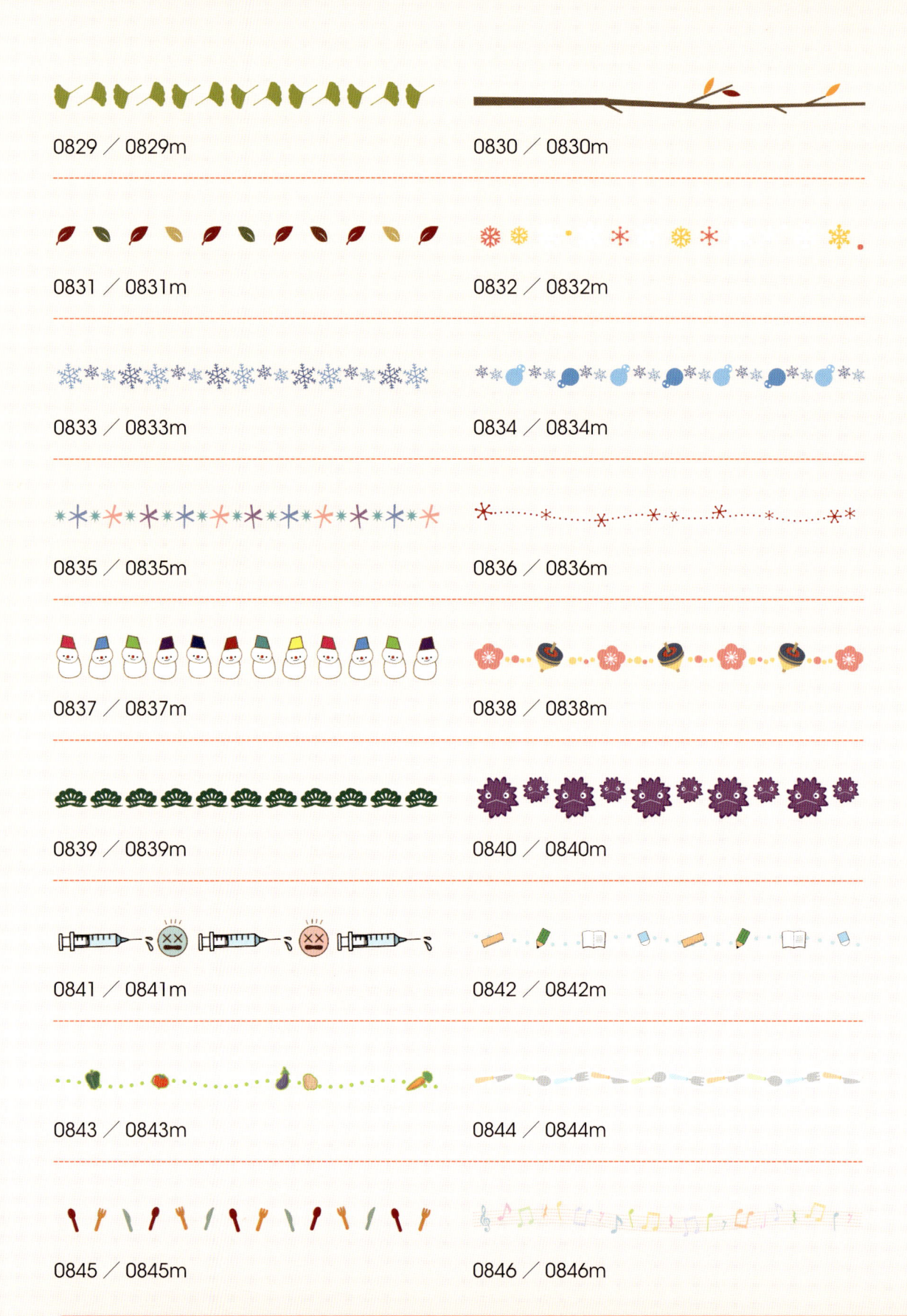

Chapter02 イラスト素材 ▶ 飾りケイ

0829 / 0829m

0830 / 0830m

0831 / 0831m

0832 / 0832m

0833 / 0833m

0834 / 0834m

0835 / 0835m

0836 / 0836m

0837 / 0837m

0838 / 0838m

0839 / 0839m

0840 / 0840m

0841 / 0841m

0842 / 0842m

0843 / 0843m

0844 / 0844m

0845 / 0845m

0846 / 0846m

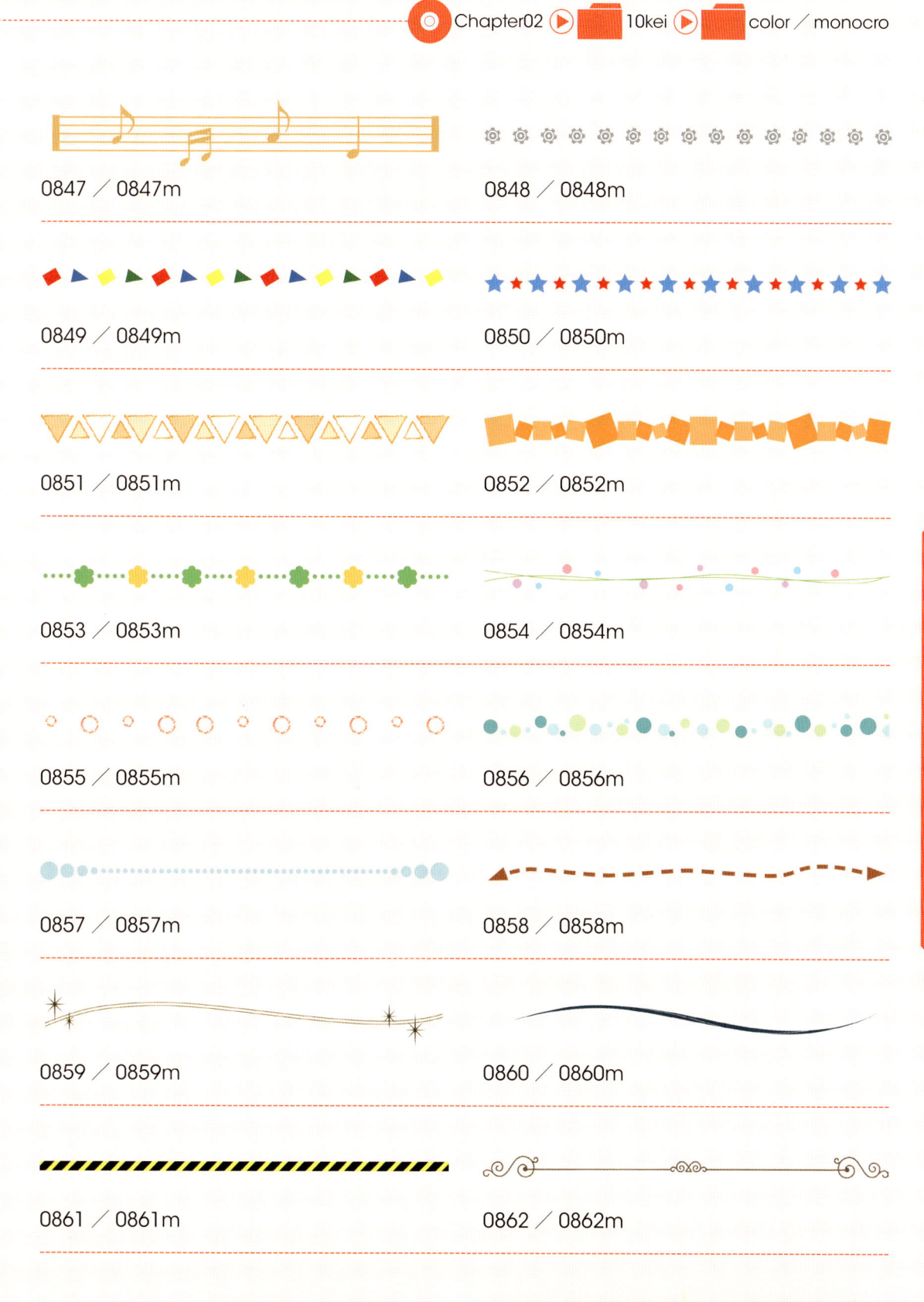

Chapter02　10kei　color／monocro

0847／0847m　　0848／0848m

0849／0849m　　0850／0850m

0851／0851m　　0852／0852m

0853／0853m　　0854／0854m

0855／0855m　　0856／0856m

0857／0857m　　0858／0858m

0859／0859m　　0860／0860m

0861／0861m　　0862／0862m

0863／0863m　　0864／0864m

01 テンプレート

02 イラスト素材 ▼ 10 飾りケイ

03 テンプレート／イラストサンプルを活用しよう

101

11 Chapter02 イラスト素材
フレーム・プレート

※一部の素材は、重ねると下に配置してある素材が見えなくなってしまいます。
P.126を参照して調整してください。

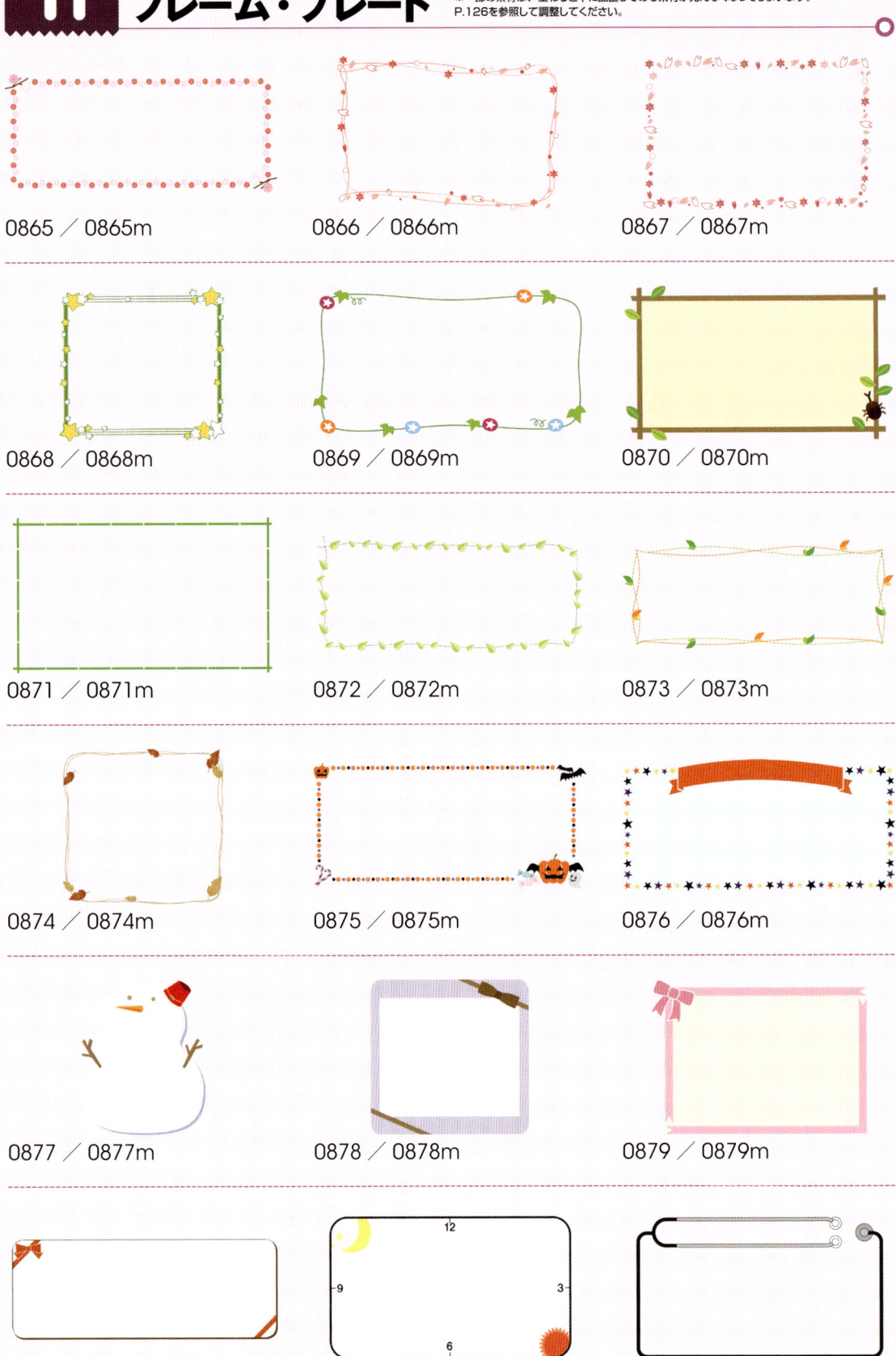

0865 / 0865m　　0866 / 0866m　　0867 / 0867m

0868 / 0868m　　0869 / 0869m　　0870 / 0870m

0871 / 0871m　　0872 / 0872m　　0873 / 0873m

0874 / 0874m　　0875 / 0875m　　0876 / 0876m

0877 / 0877m　　0878 / 0878m　　0879 / 0879m

0880 / 0880m　　0881 / 0881m　　0882 / 0882m

102　パパっとできる！　先生と保護者のためのプリント＆イラスト集

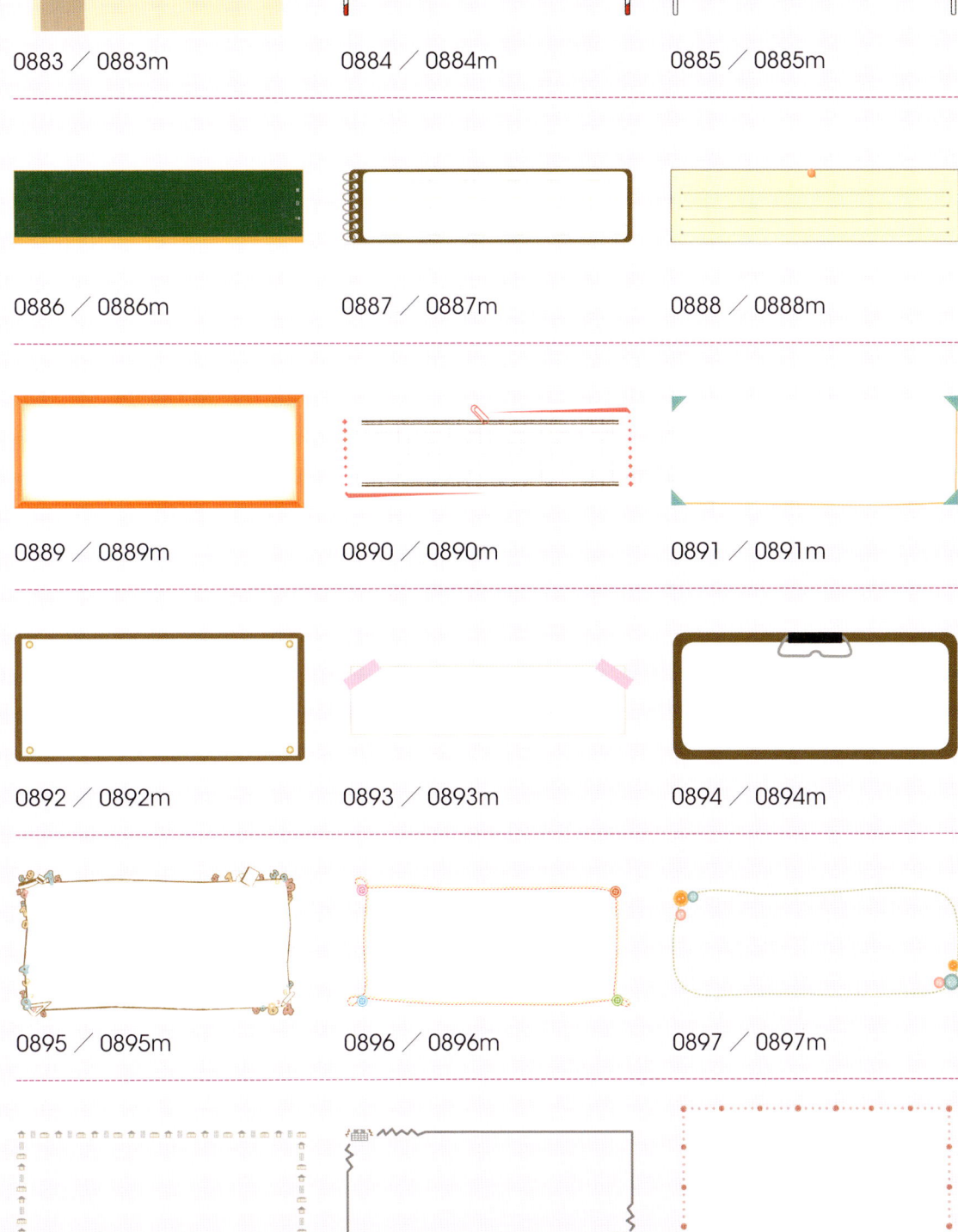

Chapter02 ▶ 11frame ▶ color / monocro

0883 / 0883m   0884 / 0884m   0885 / 0885m

0886 / 0886m   0887 / 0887m   0888 / 0888m

0889 / 0889m   0890 / 0890m   0891 / 0891m

0892 / 0892m   0893 / 0893m   0894 / 0894m

0895 / 0895m   0896 / 0896m   0897 / 0897m

0898 / 0898m   0899 / 0899m   0900 / 0900m

01 テンプレート

02 イラスト素材 ▼ 11フレーム・プレート

03 テンプレート／イラストサンプルを活用しよう

103

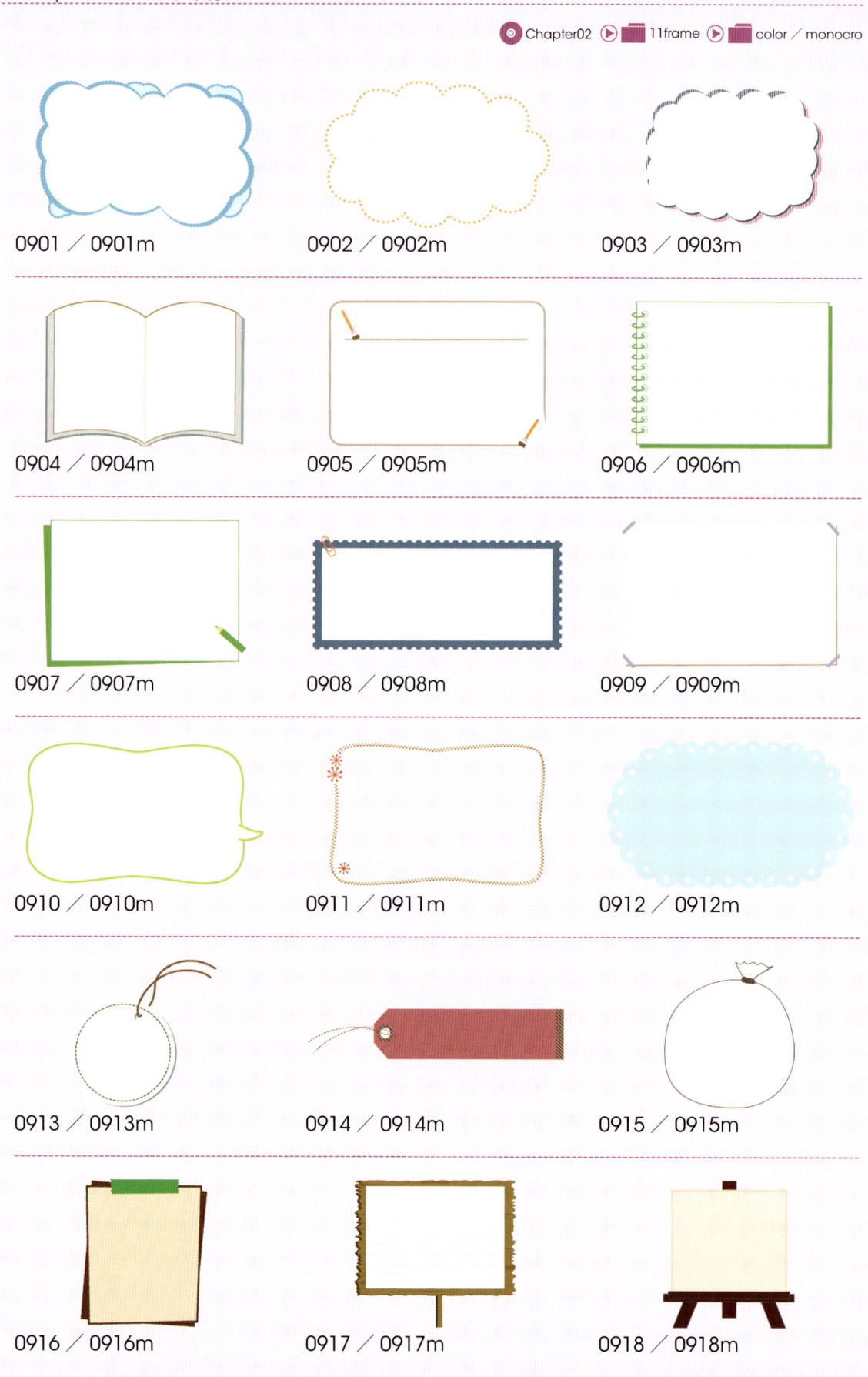

Chapter02　イラスト素材 ▶ フレーム・プレート

Chapter02　11frame　color／monocro

0901／0901m

0902／0902m

0903／0903m

0904／0904m

0905／0905m

0906／0906m

0907／0907m

0908／0908m

0909／0909m

0910／0910m

0911／0911m

0912／0912m

0913／0913m

0914／0914m

0915／0915m

0916／0916m

0917／0917m

0918／0918m

104　パパっとできる！　先生と保護者のためのプリント＆イラスト集

12 背景

Chapter02 イラスト素材

※使用する際は、素材の順序を「最背面」に設定してください。

Chapter02 ▶ 12haikei ▶ color ／ monocro

0919 ／ 0919m	0920 ／ 0920m	0921 ／ 0921m	0922 ／ 0922m
0923 ／ 0923m	0924 ／ 0924m	0925 ／ 0925m	0926 ／ 0926m
0927 ／ 0927m	0928 ／ 0928m	0929 ／ 0929m	0930 ／ 0930m
0931 ／ 0931m	0932 ／ 0932m	0933 ／ 0933m	0934 ／ 0934m
0935 ／ 0935m	0936 ／ 0936m	0937 ／ 0937m	0938 ／ 0938m

01 テンプレート

02 イラスト素材 ▼ 11フレーム・プレート ／ 12背景

03 テンプレート／イラストサンプルを活用しよう

Chapter02 イラスト素材 ▶ 背景

Chapter02　12haikei　color／monocro

0939／0939m	0940／0940m	0941／0941m	0942／0942m
0943／0943m	0944／0944m	0945／0945m	0946／0946m
0947／0947m	0948／0948m	0949／0949m	0950／0950m
0951／0951m	0952／0952m	0953／0953m	0954／0954m
0955／0955m	0956／0956m	0957／0957m	0958／0958m

106　パパっとできる！　先生と保護者のためのプリント＆イラスト集

Chapter
03

テンプレート/イラストサンプルを活用しよう
How to use template & illustration

本書で紹介しているテンプレートは、テキストやイラストを変更するだけでさまざまな配布物に使用できます。ここでは、テキストやイラストの変更や印刷方法の解説、また、よくある疑問にお答えします。

テンプレート／イラストサンプルを活用しよう

テンプレートを開く／保存する

まずは、本書付属CD-ROMに収録されたテンプレートを活用するために、Wordファイルの開き方と保存方法を解説します。

〈テンプレートを開く〉

01 パソコンに本書付属CD-ROMをセットしてCD-ROMを開く

❶ パソコンのCD/DVDドライブに本書付属CD-ROMをセットします。

❷ [スタート] ボタンから「マイコンピュータ」をクリックします。

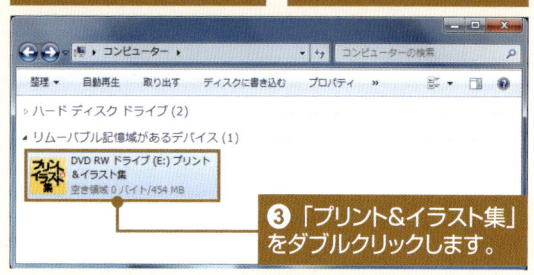

❸ 「プリント&イラスト集」をダブルクリックします。

※お使いのパソコンによっては、CD-ROMのフォルダが直接開く場合もあります。

02 使用したいテンプレートのファイルを探す

❶ 目的のファイルが入ったフォルダをダブルクリックして開きます。

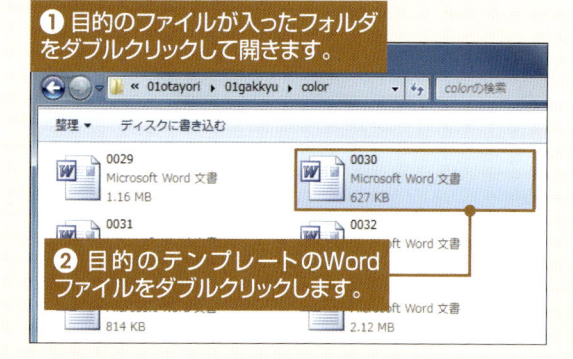

❷ 目的のテンプレートのWordファイルをダブルクリックします。

03 テンプレートが開く

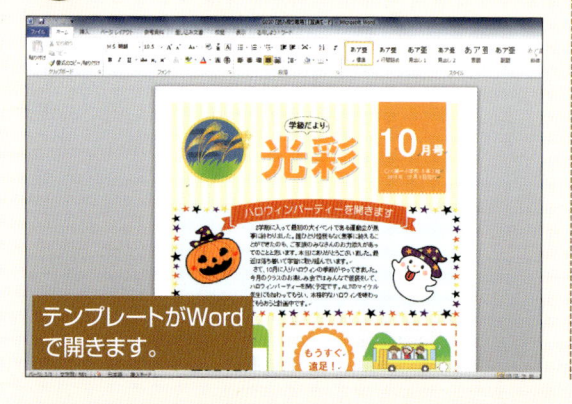

テンプレートがWordで開きます。

〈ファイルを保存する〉

01 「名前を付けて保存」を選択する

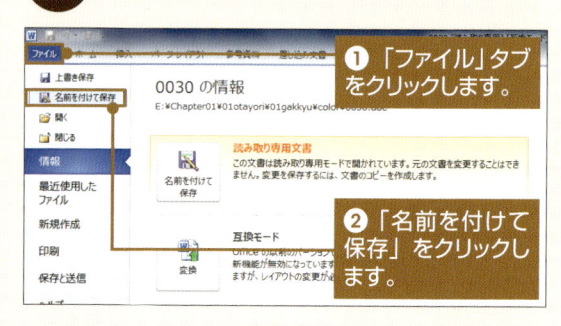

❶ 「ファイル」タブをクリックします。

❷ 「名前を付けて保存」をクリックします。

02 ファイル名を入力して保存する

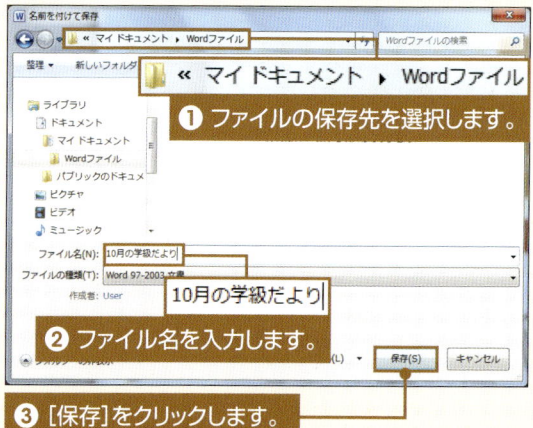

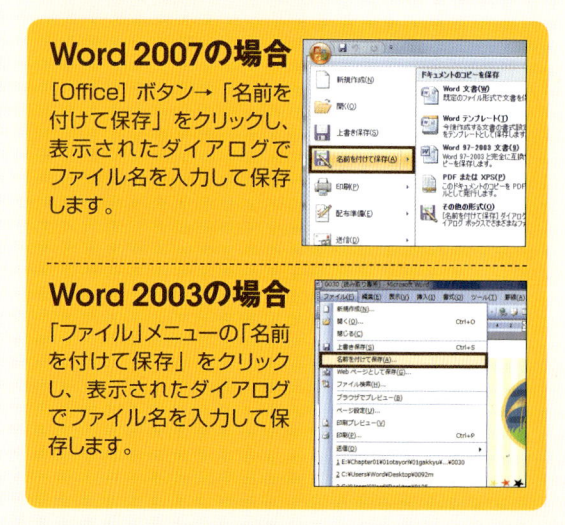

❶ ファイルの保存先を選択します。

❷ ファイル名を入力します。

❸ [保存] をクリックします。

Word 2007の場合

[Office] ボタン→「名前を付けて保存」をクリックし、表示されたダイアログでファイル名を入力して保存します。

Word 2003の場合

「ファイル」メニューの「名前を付けて保存」をクリックし、表示されたダイアログでファイル名を入力して保存します。

テキストをアレンジ／追加する

文章を入れるときは「テキストボックス」を使います。テンプレートのテキストボックスに入力されている文字は、自由に書き換えたり書式を変更したりできます。

〈テキストを変更する〉

01 変更したいテキストを選択する

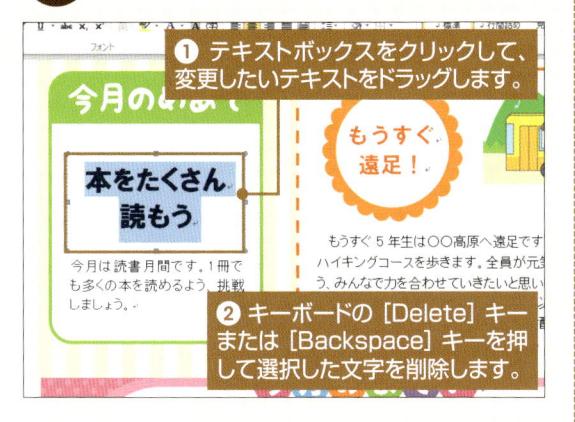

❶ テキストボックスをクリックして、変更したいテキストをドラッグします。

❷ キーボードの [Delete] キーまたは [Backspace] キーを押して選択した文字を削除します。

02 テキストを入力する

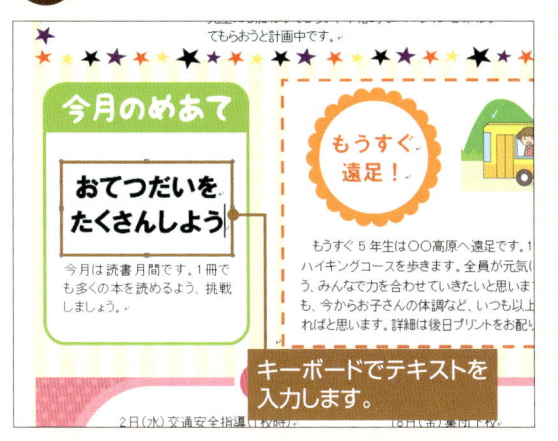

キーボードでテキストを入力します。

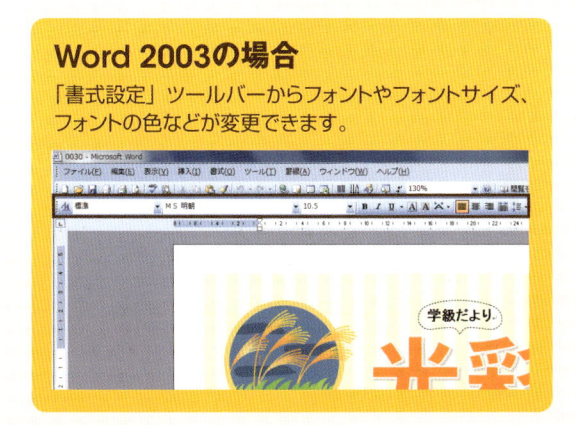

〈テキストの書式を変更する〉

01 テキストを選択してフォントを変更する

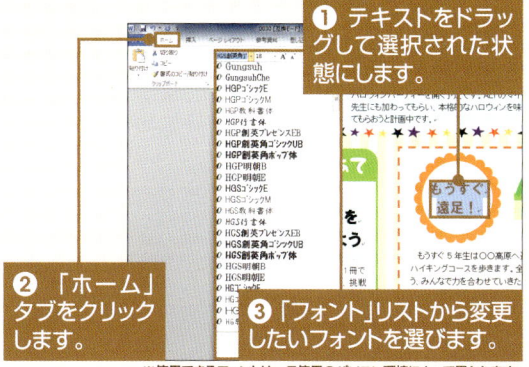

❶ テキストをドラッグして選択された状態にします。

❷ 「ホーム」タブをクリックします。

❸ 「フォント」リストから変更したいフォントを選びます。

※使用できるフォントは、ご使用のパソコン環境によって異なります。

02 フォントサイズを変更する

フォントサイズをリストから選びます。

チェック！
数値は入力して設定できる

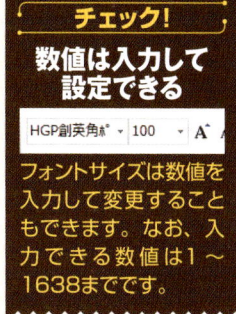

フォントサイズは数値を入力して変更することもできます。なお、入力できる数値は1〜1638までです。

03 テキストの色を変更する

「フォントの色」から色を選びます

チェック！
色の種類は豊富

「フォントの色」の「その他の色」をクリックすると、リスト以外の色を選ぶことができます。

Word 2003の場合

「書式設定」ツールバーからフォントやフォントサイズ、フォントの色などが変更できます。

---

01 テンプレート
02 イラスト素材
03 テンプレート／イラストサンプルを活用しよう

テンプレート／イラストサンプルを活用しよう

〈 テキストを追加する 〉

01 テキストボックスを挿入する

❶ 「挿入」タブをクリックします。
❷ 「テキストボックス」をクリックします。 
❸ 「横書きテキストボックスの描画」または「縦書きテキストボックスの描画」をクリックします。

Word 2003の場合
「挿入」メニュー→「テキストボックス」を選択します。

02 テキストボックスを配置する

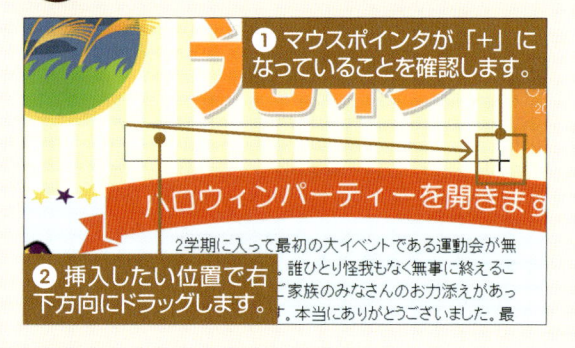

❶ マウスポインタが「+」になっていることを確認します。
❷ 挿入したい位置で右下方向にドラッグします。

03 テキストを入力する

キーボードでテキストを入力します。

〈 テキストボックスのサイズや位置を変更する 〉

01 テキストボックスのサイズを変更する

❶ テキストボックスをクリックして選択します。 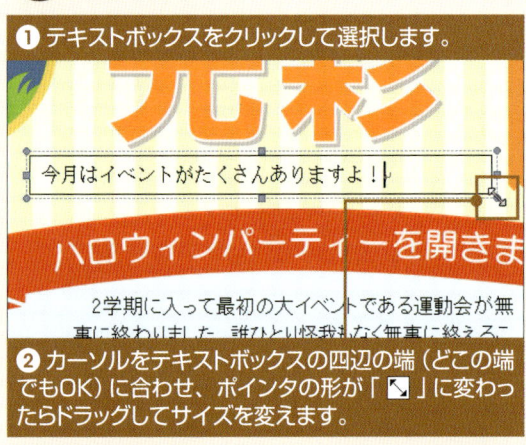
❷ カーソルをテキストボックスの四辺の端（どこの端でもOK）に合わせ、ポインタの形が「⤡」に変わったらドラッグしてサイズを変えます。

チェック！
縦横比はそのままで
［Shift］キーを押しながらドラッグすると、縦横比を維持したまサイズを変更できます。

02 テキストボックスの位置を変更する

❶ テキストボックスの枠線上にカーソルを合わせます。 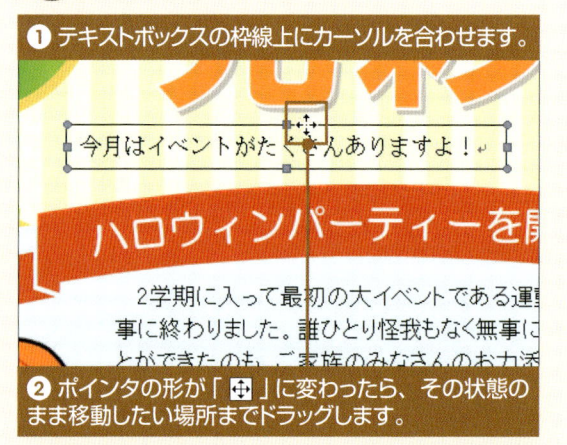
❷ ポインタの形が「✥」に変わったら、その状態のまま移動したい場所までドラッグします。

チェック！
左右上下の位置を固定したまま移動
［Shift］キーを押しながらドラッグすると、左右、または上下の位置を変えずに移動させることができます。

テキストボックスの囲み線や背景を透明にする

01 「テキストボックスの書式設定」を開く

❶ テキストの境界線上にカーソルを合わせ、ポインタの形が「✥」に変わったことを確認します。

❷ 形が変わったままの状態で右クリックします。

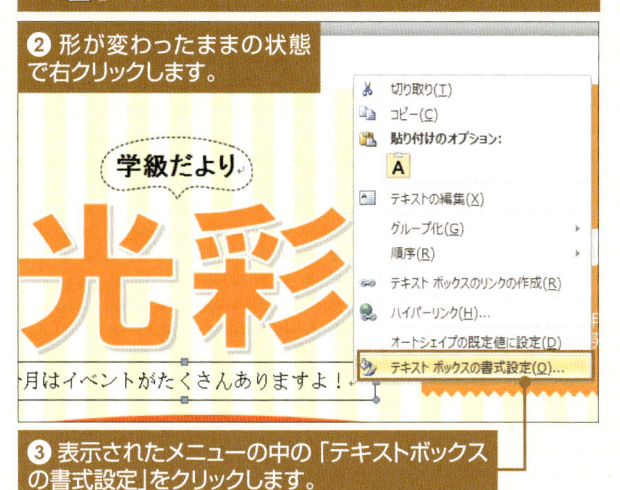

❸ 表示されたメニューの中の「テキストボックスの書式設定」をクリックします。

02 「塗りつぶし」と「線」を「色なし」に設定する

❶ 「色と線」タブをクリックします。

❷ 「塗りつぶし」を「色なし」にします。

❸ 「線」を「色なし」に設定します。

❹ [OK]をクリックします。

文字幅を調整する

01 文字幅を調整するテキストを選択する

❶ 文字幅を調整したいテキストをドラッグして選択します。

❷ 選択したテキスト上で右クリックします。

❸ 表示されたメニューの中から「フォント」を選びます。

02 文字幅の倍率を変更する

❶ 「詳細設定」タブをクリックします。

※ Word 2007/2003は「文字と間隔」タブをクリックします。

❷ 「倍率」を変更します。

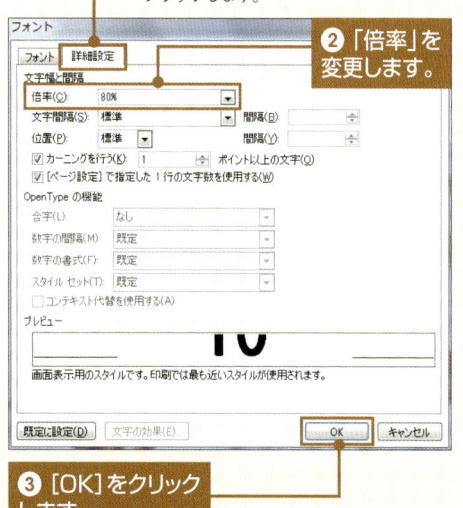

❸ [OK]をクリックします。

チェック！

平体と長体

文字幅の倍率を100%より大きくすると、文字が横長の「平体」、100%より小さい倍率にすると、文字が縦長の「長体」になります。

倍率80%

倍率120%

01 テンプレート
02 イラスト素材
03 テンプレート／イラストサンプルを活用しよう

111

文字間隔を調整する

01 テキストを選択する

❶ 文字間を調整したいテキストをドラッグして選択します。

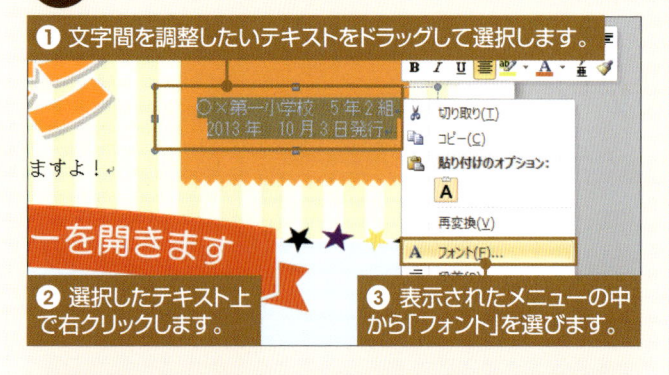

❷ 選択したテキスト上で右クリックします。

❸ 表示されたメニューの中から「フォント」を選びます。

チェック！

文字間隔はフォントで異なる

フォントの種類よって文字間隔は異なります。使用したいフォントの文字間隔が気になる場合は、上記の方法で調節しましょう。

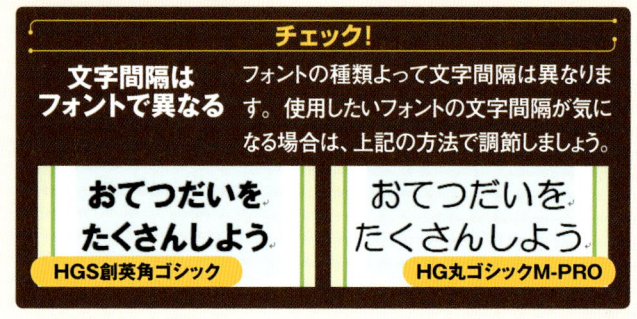

- おてつだいを たくさんしよう　HGS創英角ゴシック
- おてつだいを たくさんしよう　HG丸ゴシックM-PRO

02 文字間隔を変更する

❶ 「詳細」タブをクリックします。

※Word 2007/2003は「文字と間隔」タブをクリックします。

❷ 「文字間隔」を「広く」または「狭く」を選びます。

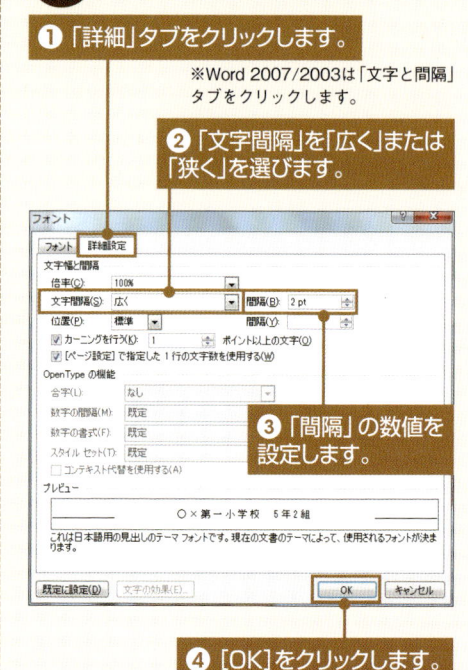

❸ 「間隔」の数値を設定します。

❹ [OK]をクリックします。

行間を調整する

01 テキストを選択する

❶ 行間を調整したいテキストを選択します。

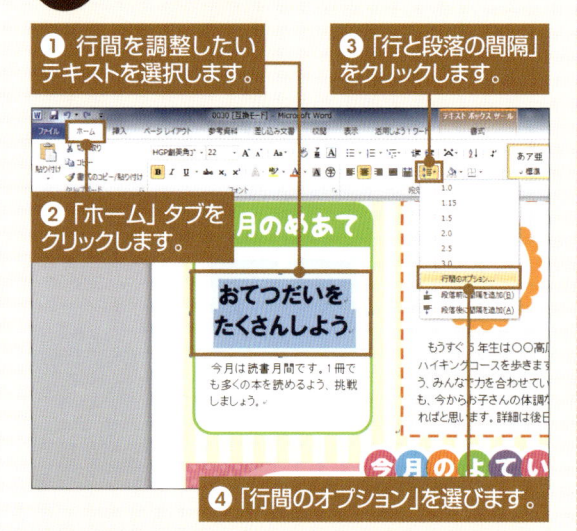

❷ 「ホーム」タブをクリックします。

❸ 「行と段落の間隔」をクリックします。

❹ 「行間のオプション」を選びます。

Word 2003の場合

行間を調整したいテキストを選んだ後、「書式」メニューの「段落」をクリックします。

02 行間を設定する

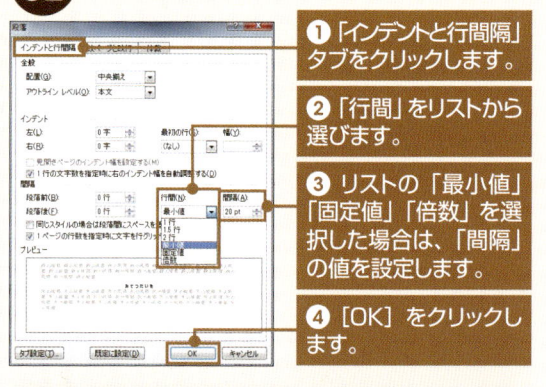

❶ 「インデントと行間隔」タブをクリックします。

❷ 「行間」をリストから選びます。

❸ リストの「最小値」「固定値」「倍数」を選択した場合は、「間隔」の値を設定します。

❹ [OK]をクリックします。

チェック！

行間を設定するときのポイント

「固定値」での「間隔」の数値を、フォントのサイズより少し大きめに設定すると、離れすぎず、狭すぎない、見栄えのいい行間になります。ただし、フォントの大きさを変更しても行間は自動で調整されないので、その都度行間を設定し直す必要があります。

イラストをアレンジする

テンプレートに配置されているイラストを編集する方法や、新たにイラストを挿入する方法を解説します。Chapter02で紹介しているイラスト素材も活用して、テンプレートをアレンジしてみてください。

〈 イラストを削除する 〉

❶ 削除したいイラストをクリックして選択します。

❷ キーボードの[Delete]キーまたは[Backspace]キーを押します。

❸ イラストが削除されます。

〈 イラストのサイズを変更する 〉

01 イラストを選択する

❶ イラストをクリックして選択します。

❷ カーソルをイラストの四辺の端（どこの端でもOK）に合わせ、ポインタの形が「↖」に変わったところでクリックします。

02 イラストのサイズを拡大／縮小する

外側にドラッグすると大きく、内側にドラッグすると小さくなります。

チェック！
イラストの中心を基準に拡大／縮小

[Ctrl]キーを押しながら行うと、画像の中心を基準にしてサイズが変更されます。中心をずらしたくないときは、この方法で拡大／縮小しましょう。

〈 イラストを回転する 〉

01 イラストを選択する

❶ イラストをクリックして選択します。

❷ イラスト上部の回転ハンドルをクリックします。

02 イラストを回転する

回転ハンドルをクリックしたまま、任意の方向へドラッグさせます。

チェック！
15°ずつ回転

[Shift]キーを押しながらドラッグすると、15°ずつ回転します。

※各オブジェクトがグループ化されている場合があります。その場合は、グループ化を解除してから行ってください（P.121参照）。

01 テンプレート
02 イラスト素材
03 テンプレート／イラストサンプルを活用しよう

113

テンプレート／イラストサンプルを活用しよう

｛イラストを移動する｝

01 イラストを選択する

❶ イラストをクリックして選択します。

02 イラストをドラッグする

❶ イラストの上にカーソルをのせて、ポインタが「✣」に変わったところでクリックします。

❷ 移動したい位置までドラッグします。

03 イラストが移動される

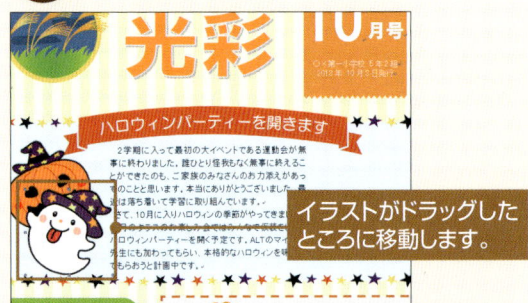

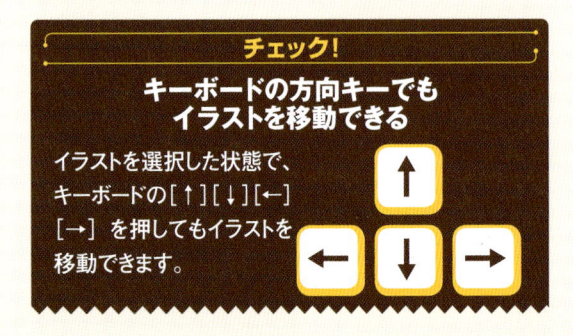

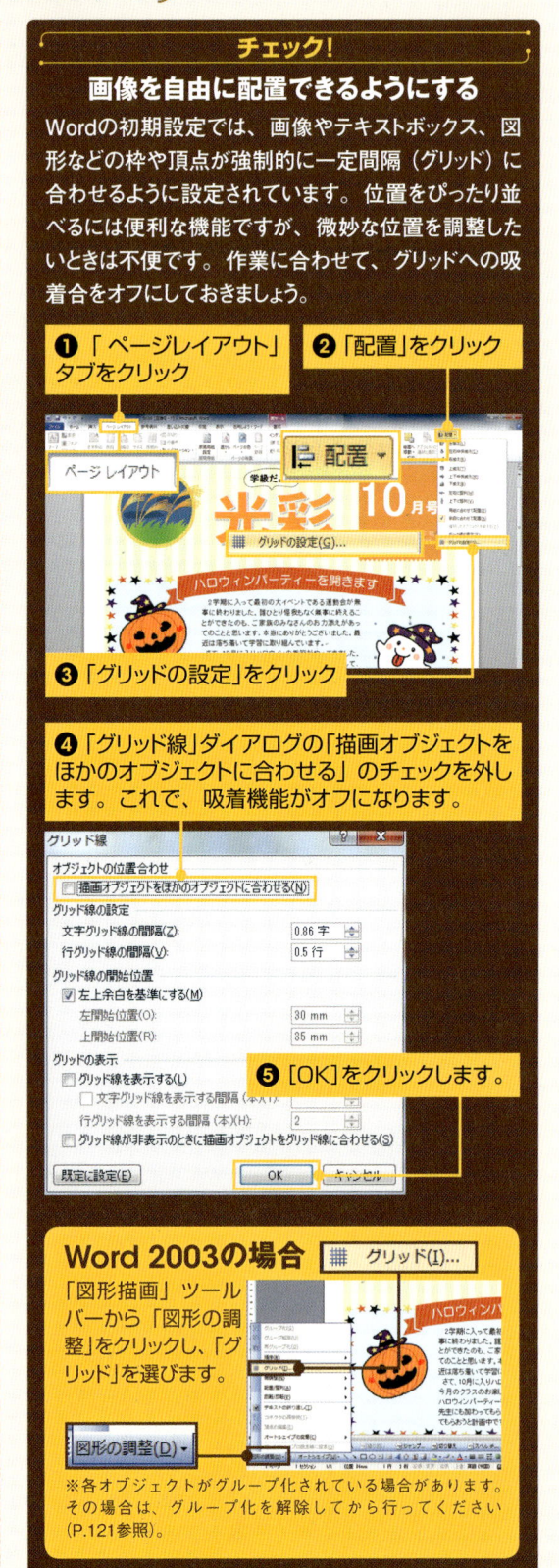

イラストがドラッグしたところに移動します。

チェック！
キーボードの方向キーでもイラストを移動できる

イラストを選択した状態で、キーボードの[↑][↓][←][→]を押してもイラストを移動できます。

チェック！
画像を自由に配置できるようにする

Wordの初期設定では、画像やテキストボックス、図形などの枠や頂点が強制的に一定間隔（グリッド）に合わせるように設定されています。位置をぴったり並べるには便利な機能ですが、微妙な位置を調整したいときは不便です。作業に合わせて、グリッドへの吸着合をオフにしておきましょう。

❶「ページレイアウト」タブをクリック

❷「配置」をクリック

❸「グリッドの設定」をクリック

❹「グリッド線」ダイアログの「描画オブジェクトをほかのオブジェクトに合わせる」のチェックを外します。これで、吸着機能がオフになります。

❺ [OK]をクリックします。

Word 2003の場合

「図形描画」ツールバーから「図形の調整」をクリックし、「グリッド」を選びます。

※各オブジェクトがグループ化されている場合があります。その場合は、グループ化を解除してから行ってください（P.121参照）。

〈 イラストを追加する 〉

01 イラストを挿入する

❶「挿入」タブをクリックします。

❷「図」をクリックします。

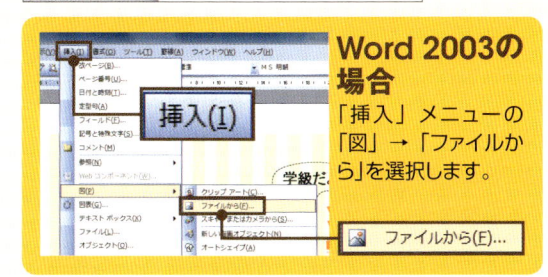

Word 2003の場合

「挿入」メニューの「図」→「ファイルから」を選択します。

02 使用したいイラスト画像を選択する

❶ 図の挿入画面が表示されます。

❷ 使用したいイラスト画像を選びます。

❸ [挿入] をクリックします。

チェック！
画像は一度に複数挿入できる

挿入する画像を選ぶ際に、[Ctrl]キーを押しながらクリックすると、複数の画像が選択でき、一度に挿入することができます。

03 イラストが配置される

イラストがWord上に配置されました。

チェック！
画像が常に前面にくるように設定する

通常は、Word上に画像を挿入すると、文章面の「行内」に配置され、そのままでは自由に移動させることができません。あらかじめ、挿入した画像は常に文章面の「前面」に配置されるよう設定しておきましょう。

❶「ファイル」タブをクリックします。

❷「オプション」を選びます。

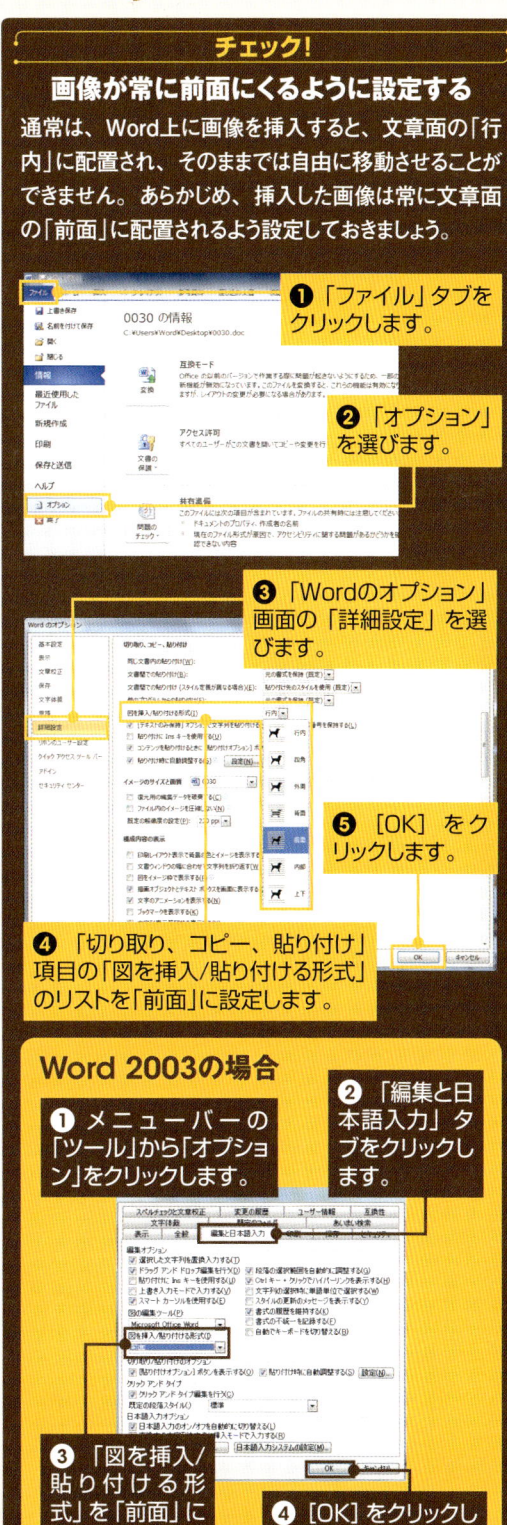

❸「Wordのオプション」画面の「詳細設定」を選びます。

❹「切り取り、コピー、貼り付け」項目の「図を挿入/貼り付ける形式」のリストを「前面」に設定します。

❺ [OK] をクリックします。

Word 2003の場合

❶ メニューバーの「ツール」から「オプション」をクリックします。

❷「編集と日本語入力」タブをクリックします。

❸「図を挿入/貼り付ける形式」を「前面」に設定します。

❹ [OK] をクリックします。

---

01 テンプレート
02 イラスト素材
03 テンプレート／イラストサンプルを活用しよう

115

テンプレート／イラストサンプルを活用しよう

写真の挿入と加工をする

自分で撮影した写真を載せて、視覚的に伝わりやすいテンプレートやポスターを作りましょう。なお、写真のサイズの変更や回転、移動方法はP.113の「イラストをアレンジする」と同じです。

※注意
本書で紹介しているテンプレートの写真は、本書付属CD-ROMには収録されていません。各自でご用意した写真を配置してください。

〈写真を挿入しよう〉

01 写真を挿入する

❶「挿入」タブをクリックします。
❷「図」をクリックします。

Word 2003の場合
「挿入」メニューの「図」→「ファイルから」を選択します。

02 使用したい写真を選択する

❶ 図の挿入画面が表示されます。
❷ 使用したい写真を選びます。
❸[挿入]をクリックします。

〈写真をトリミングしよう〉

01 トリミングしたい写真を選択する

❶ トリミングしたい写真をダブルクリックします。 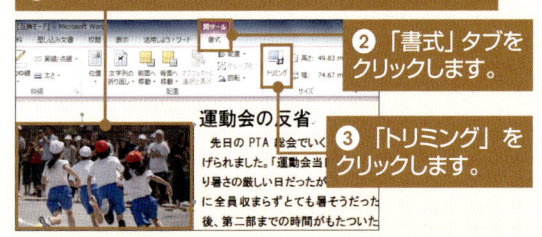
❷「書式」タブをクリックします。
❸「トリミング」をクリックします。

Word 2003の場合
「図」ツールバーの[トリミング]ボタンをクリックします。「図」ツールバーが表示されていない場合は、「表示」メニューの「ツールバー」→「図」を選ぶと表示されます。

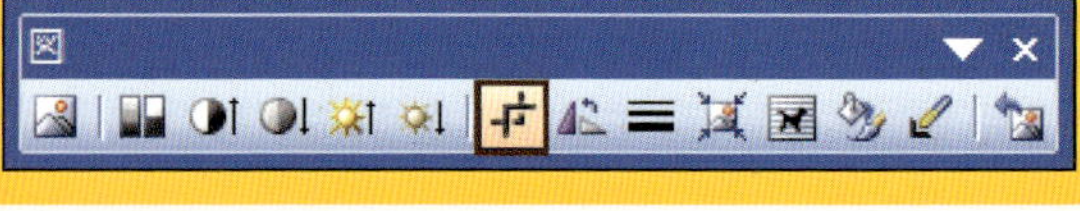

02 写真の上下左右をカットする

❶ 写真の周りにハンドルが表示されます。
❷ ハンドルにカーソルを合わせ、カットしたい部分までをドラッグします。

〈写真の明るさを調整する〉

01 明るさを調整する

❶ 明るくしたい写真をクリックします。
❷「書式」タブをクリックします。
❸「明るさ」をクリックします。 
❹ 明るさのレベルを選択します。

Word 2003の場合 
「図」ツールバーの[明るさ(強)][明るさ(弱)]で調整します。

テキストデザインをアレンジする

テキストにデザインの効果を加える「ワードアート」機能を使います。縁取りや変形、立体化などの、テキストを多彩に表現できます。また、テキストの編集や色の変更も自由に行えます。

〈 ワードアートのテキストを変更する 〉

01 変更するワードアートを選択する

❶ テキストを変更したいワードアートをクリックして選択します。

❷ ワードアート上で右クリックします。

❸ 「テキストの編集」をクリックします。

Word 2003の場合
変更したいワードアート上でダブルクリックすると、「ワードアート テキストの編集」が表示されます。

02 テキストを変更する

❶ キーボードで「テキスト」にテキストを入力します。

❷ 「フォント」から変更したいフォントを選択します。

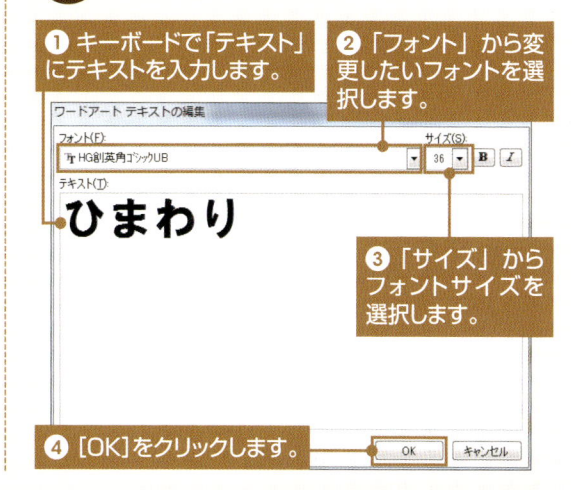

❸ 「サイズ」からフォントサイズを選択します。

❹ [OK]をクリックします。

チェック！ ワードアートの幅を調整する

ワードアートのテキストを変更しても、ワードアートの幅は自動的に伸縮しません。そのため、文字数が変更前より多いものは縦長に表示され、見栄えが悪くなることがあります。その場合は、後から幅を調整してください。

❶ ワードアートをクリックして選択します。

❷ 「■」をドラッグします。

〈 ワードアートのスタイルを変更する 〉

01 ワードアートを選択する

❶ 変更したいワードアートをダブルクリックします。

❷ 「▼」をクリックします。

Word 2003の場合
「ワードアート」ツールバーの[ワードアートギャラリー]をクリックします。

02 デザインを選択する

新たに設定したいスタイルを選択します。

117

テンプレート／イラストサンプルを活用しよう

ワードアートの形状を変更する

❶ 変更したいワードアートをダブルクリックします。
❷ 「形状の変更」をクリックします。
❸ 新たに設定したい形状を選択します。

Word 2003の場合
「ワードアート」ツールバーの［ワードアート：形状］をクリックします。

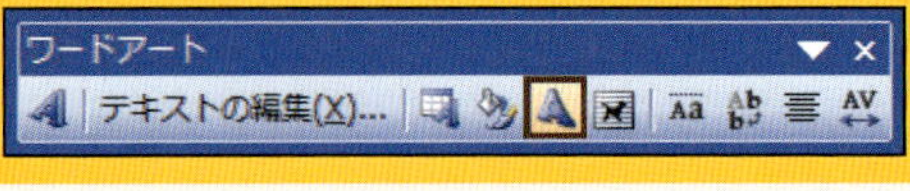

ワードアートの文字色や縁取りの色を変更する

01 「ワードアートの書式設定」を開く
❶ 変更したいワードアートをクリックします。
❷ ワードアート上で右クリックします。 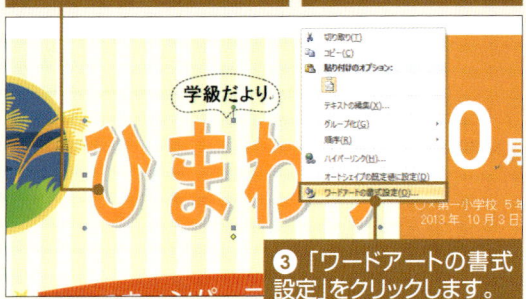
❸ 「ワードアートの書式設定」をクリックします。

02 塗りつぶしの色や枠線を選択する
❶ 「色と線」タブをクリックします。 
❷ 「塗りつぶし」でテキストの色、「線」でテキストの縁の色と太さを設定します
❸ ［OK］をクリックします。

影のスタイルを変更する

❶ 変更したいワードアートをダブルクリックします。
❷ 「影効果」をクリックします。 
❸ 影のスタイルを選択します。

Word 2003の場合
「図形描画」ツールバーの「影付きスタイル」をクリックします。

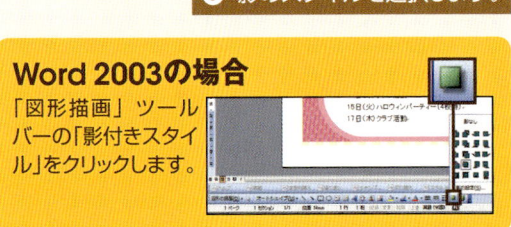

チェック！
影の位置を微調整する
影の位置は、上下左右に微調整できます。「影効果」で影を選んだ後、「影の微調整」で位置を整えましょう。「🔲」をクリックすると、影の表示／非表示の切り替えができます。

Word 2003の場合
「図形描画」ツールバーの［影付きスタイル］をクリックして「影の設定」を選択し、「影の設定」ツールバーを表示させます。

ワードアートを追加する

01 ワードアートを挿入する

❶「挿入」タブをクリックします。
❷「ワードアート」をクリックします。
❸ スタイルを選択します。

02 テキストを入力する

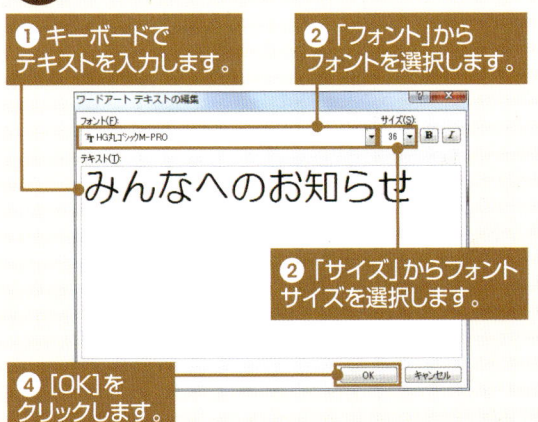

❶ キーボードでテキストを入力します。
❷「フォント」からフォントを選択します。
❸「サイズ」からフォントサイズを選択します。
❹ [OK]をクリックします。

Word 2003の場合

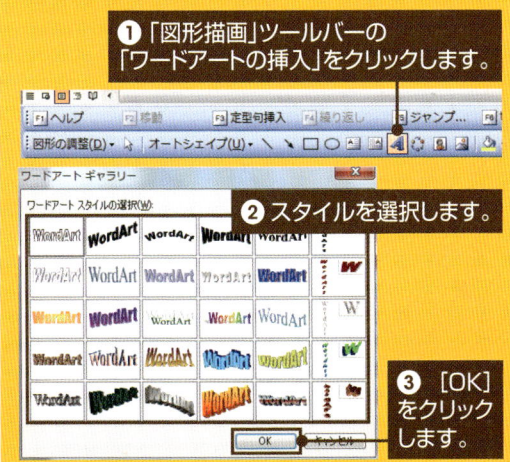

❶「図形描画」ツールバーの「ワードアートの挿入」をクリックします。
❷ スタイルを選択します。
❸ [OK]をクリックします。

チェック！
Word2010で新規書類にワードアートを追加するときの注意点

Word2010からワードアートの機能が大きく変わり、単語や文章ではなく文字単位で編集できるようになりました。ただし、新しいワードアート機能を利用できるのは、Word2010で新規に作成したファイルおよび対応のファイル形式（.docx）で保存されたWordファイルのみになります。

※本書付属のCD-ROMに収録されているテンプレートのワードアートは、すべてWord2007／2003タイプのワードアート対応となっています。Word2010のワードアートを使用したい場合は、保存時にファイルの文書を「Word文書（.docx）」にしてください。ただし、デザインが崩れる場合があります。

Word2010でワードアートを作成する

❶ ワードアートにしたいテキストをドラッグします。
❷「挿入」タブをクリックします。
❸「ワードアート」をクリックします。

指定したテキストのワードアートを変更する

❶ ワードアートを変更したいテキストをドラッグします。
❷「書式」タブをクリックします。
❸ 変更したいワードアートのスタイルをクリックします。

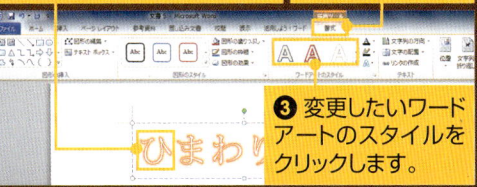

Word2010でWord2007以前のワードアートを使用するには

Word2010で新規のWordファイルを作成し、そのWordファイルでWord2007以前のワードアートを使用したい場合は、ファイルを一度Word2003のファイル形式（.doc）に保存し直す必要があります。保存し直したファイルをWord2010で再び開くと、Word2007以前のワードアートを利用できるようになります。

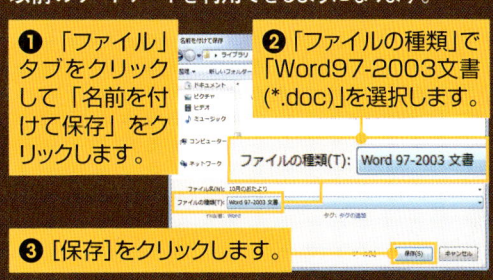

❶「ファイル」タブをクリックして「名前を付けて保存」をクリックします。
❷「ファイルの種類」で「Word97-2003文書(*.doc)」を選択します。
❸ [保存]をクリックします。

テンプレート／イラストサンプルを活用しよう

図形を活用する

Wordで作れる図形を「オートシェイプ」と呼びます。四角や丸をはじめ、星型や吹き出しなども簡単に作れます。イラストと同様に操作してサイズや配置場所の変更ができます（P.113参照）。

｛ オートシェイプを挿入する ｝

01 挿入するオートシェイプを選択する

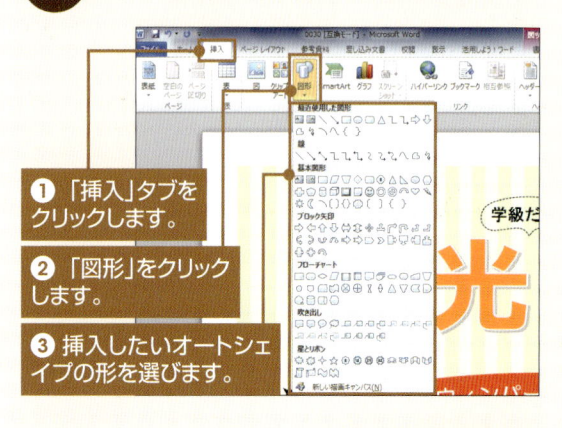

❶ 「挿入」タブをクリックします。

❷ 「図形」をクリックします。

❸ 挿入したいオートシェイプの形を選びます。

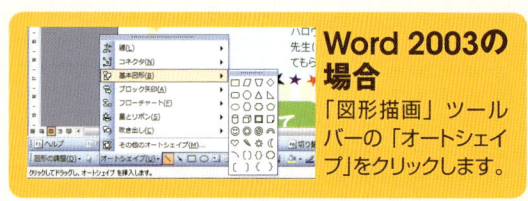

Word 2003の場合
「図形描画」ツールバーの「オートシェイプ」をクリックします。

02 図形を挿入する

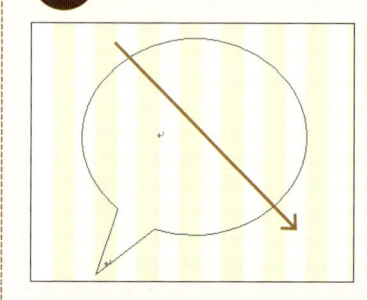

挿入したい場所でドラッグします。

チェック！
吹出しの口部分は個別で移動可能
オートシェイプの「吹き出し」の口部分は、個別に動かせるようになっています。オートシェイプの吹き出し部分の「◆」をドラッグして移動させましょう。

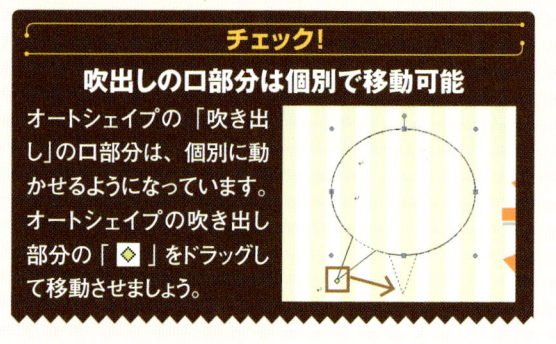

｛ オートシェイプの色や縁取りを変更する ｝

01 変更したいオートシェイプを選択する

❶ 変更したいオートシェイプをクリックして選択します。

❷ オートシェイプ上で右クリックします。

❸ 「オートシェイプの書式設定」をクリックします。

Word 2003の場合
変更したいオートシェイプ上でダブルクリックすると、「オートシェイプの書式設定」が表示されます。

02 塗りつぶしの色や枠線を選択する

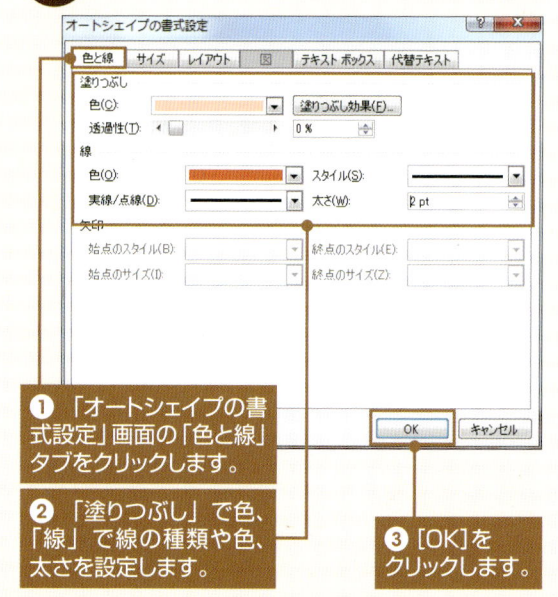

❶ 「オートシェイプの書式設定」画面の「色と線」タブをクリックします。

❷ 「塗りつぶし」で色、「線」で線の種類や色、太さを設定します。

❸ [OK]をクリックします。

120　パパっとできる！　先生と保護者のためのプリント＆イラスト集

オートシェイプを変更する

❶ 変更したいオートシェイプをダブルクリックします。

❷ 「図形の変更」をクリックします。

❸ 変更したい図形をクリックします。

Word 2003の場合

❶ 変更したいオートシェイプをクリックします。

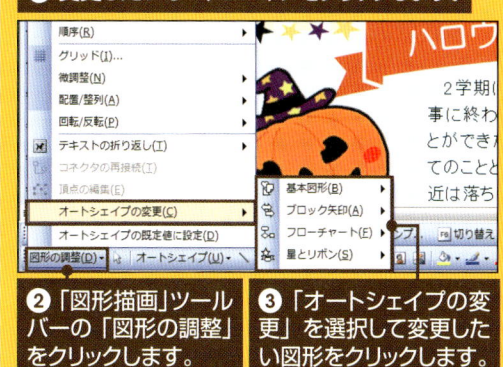

❷ 「図形描画」ツールバーの「図形の調整」をクリックします。

❸ 「オートシェイプの変更」を選択して変更したい図形をクリックします。

オートシェイプを立体にする

❶ 立体にしたいオートシェイプをダブルクリックします。

❷ 「3-D効果」をクリックして3-Dスタイルを選択します。

Word 2003の場合

「図形描画」ツールバーの[3-Dスタイル]ボタンをクリックします。

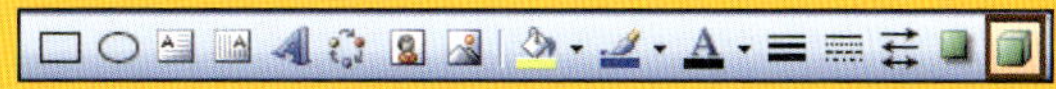

チェック！

2つ以上のアイテムを移動させるときはグループ化に

2つ以上の図形を一度に動かしたり、サイズを変更したい場合は「グループ化」を行っておくと便利です。図形だけでなく、テキストボックスやイラストも一緒にグループ化できます。グループ化した中でひとつだけ図形を修正したい場合は、グループ化を解除する必要があります。

グループ化をする

❶ [Shift]キーを押しながら複数の図形を選択します。

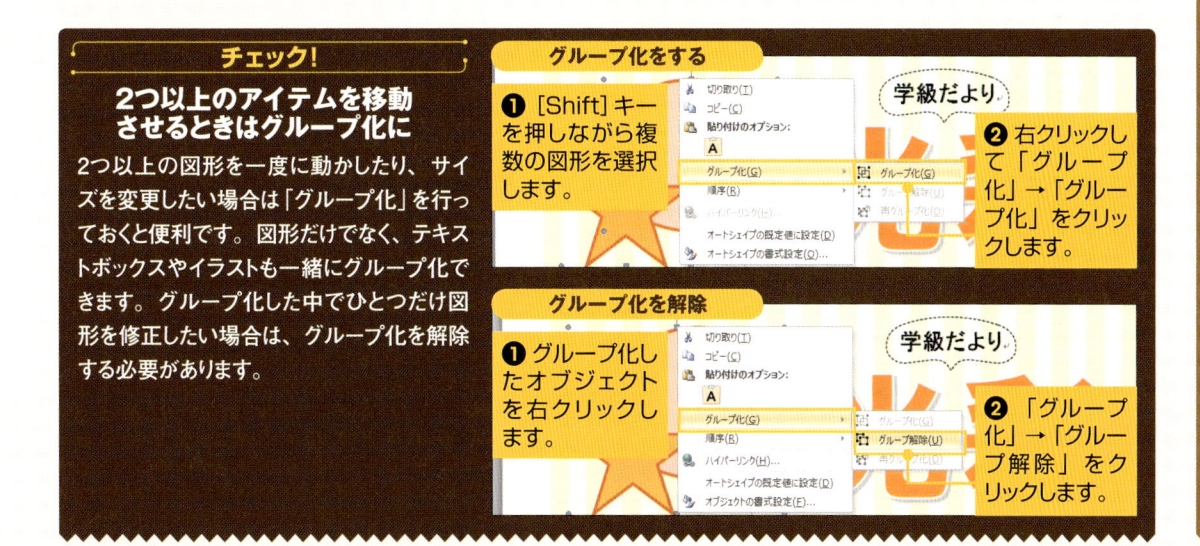

❷ 右クリックして「グループ化」→「グループ化」をクリックします。

グループ化を解除

❶ グループ化したオブジェクトを右クリックします。

❷ 「グループ化」→「グループ解除」をクリックします。

---

01 テンプレート

02 イラスト素材

03 テンプレート／イラストサンプルを活用しよう

テンプレート／イラストサンプルを活用しよう

表の挿入とアレンジをする

Wordには、簡単に表を作成できる機能が搭載されており、献立表作成などにはとても便利です。セルの枠線やセル内の色を変更して、見栄えのいい表を作成しましょう。

〈 表を挿入する 〉

01 表を挿入する

※テキストボックスの追加と、囲み線と背景を透明にする方法はP.110～111を参照してください。

❶ 表を挿入したい場所に囲み線と背景が透明のテキストボックスを追加します。

❷ 「挿入」タブをクリックします。

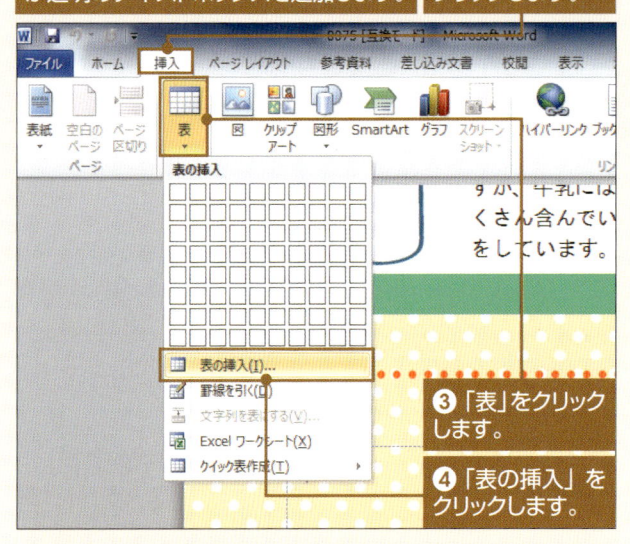

❸ 「表」をクリックします。

❹ 「表の挿入」をクリックします。

Word 2003の場合
「罫線」メニューの「挿入」→「表」をクリックします。

02 列数と行数を設定する

❶ 「表のサイズ」で挿入したい「列数」と「行数」を入力します。

❷ [OK]をクリックします。

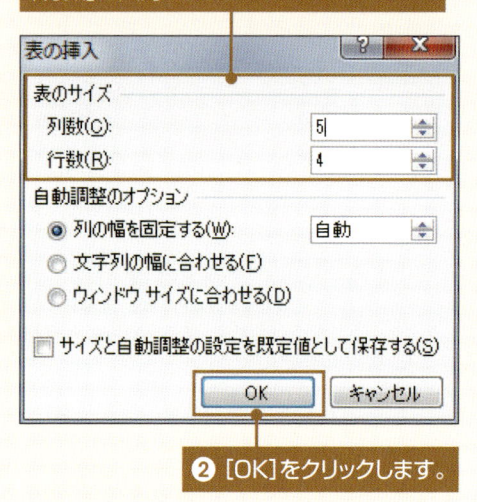

〈 表の列幅や行幅を調整する 〉

❶ 表の右下にカーソルを合わせ、「 ↘ 」になったところでクリックします。

❷ ドラッグして表のサイズを変更します。

チェック!
1列または1行ずつ幅を調整する場合は

調整したい列または行の罫線にカーソルを合わせ、ポインタが「 ↔ 」になったところでクリックし、ドラッグして幅を調節します。

〈 線種を変更する 〉

01 線の種類を決める

❶ 表をクリックします。
❷ 「表ツール」の「デザイン」タブをクリックします。 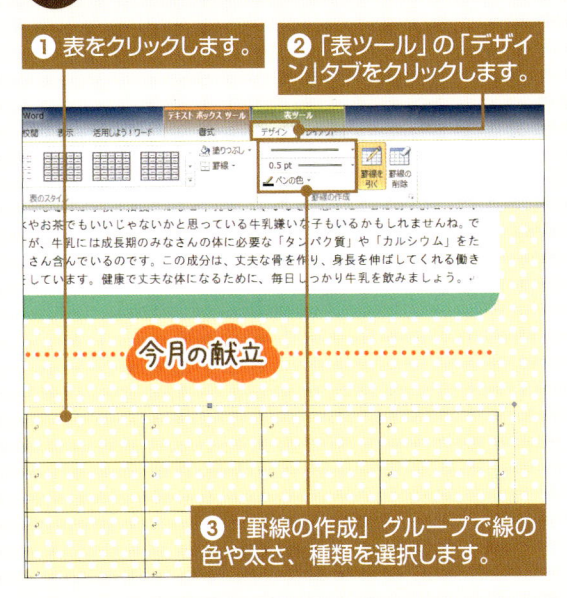
❸ 「罫線の作成」グループで線の色や太さ、種類を選択します。

02 線を引く

❶ 「罫線を引く」をクリックします。 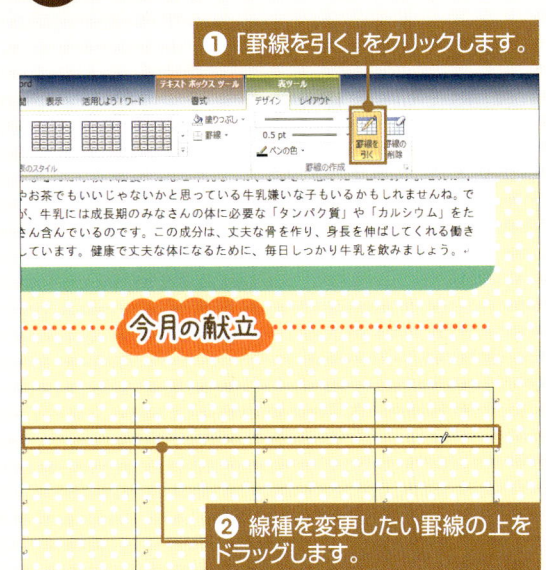
❷ 線種を変更したい罫線の上をドラッグします。

〈 セル内に色を付ける 〉

❶ 色を付けたいセルをドラッグして選択します。
❷ 「デザイン」タブをクリックします。
❸ 「塗りつぶし」をクリックします。 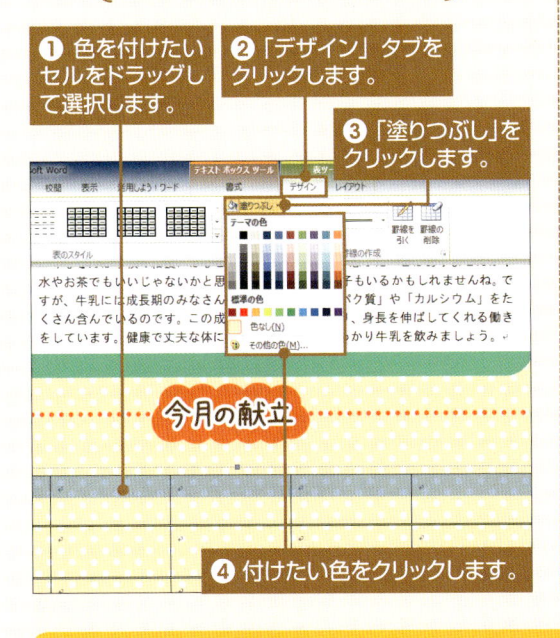
❹ 付けたい色をクリックします。

〈 セルを結合する 〉

❶ 結合したいセルをドラッグして選びます。
❷ 「レイアウト」タブをクリックします。 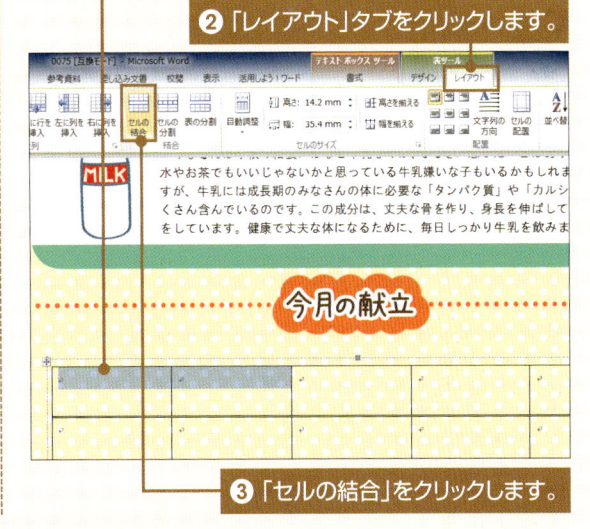
❸ 「セルの結合」をクリックします。

Word 2003の場合

表のアレンジは、「罫線」ツールバーで行います。「罫線」ツールバーは、「表示メニュー」の「ツールバー」→「罫線」で表示できます。

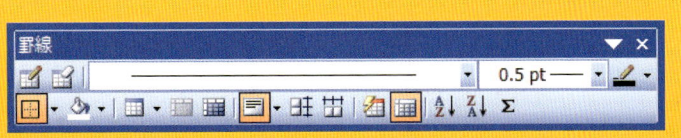

---

01 テンプレート
02 イラスト素材
03 テンプレート／イラストサンプルを活用しよう

123

テンプレート／イラストサンプルを活用しよう

プリンタで印刷する

Wordでおたよりやポスターが作成できたら、プリンタで印刷してみましょう。印刷で失敗しないコツは、印刷する前にプレビュー画面ではみ出しがないかを確認しておくことです。

印刷前にプレビューを確認する

① 「ファイル」タブをクリックします。

② 「印刷」をクリックします。

③ プレビュー画面でテキストやイラストがきちんと表示されているかチェックします。

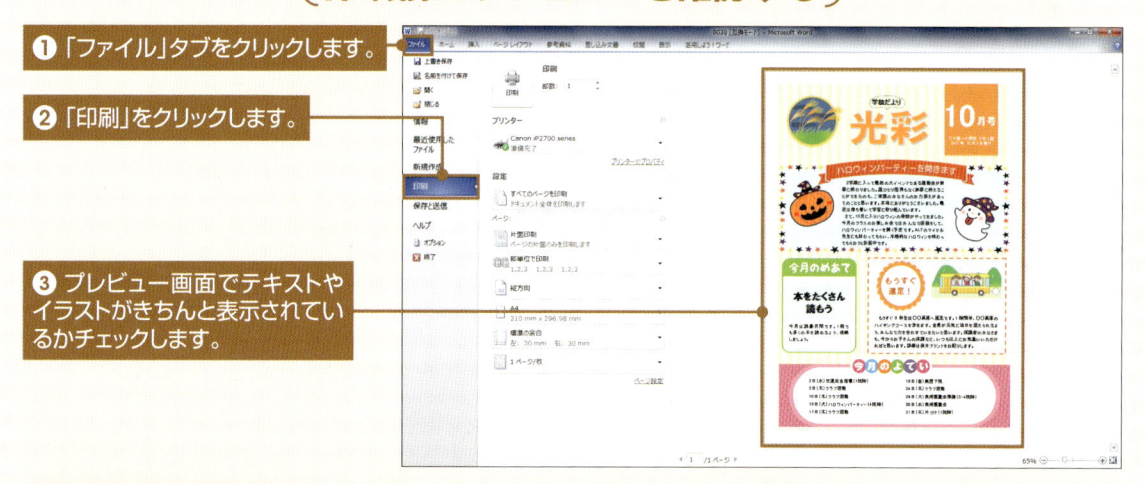

Word 2007の場合

① [Office]ボタンをクリックします。

② 「印刷」にカーソルを合わせます。

③ 「印刷プレビュー」をクリックします。

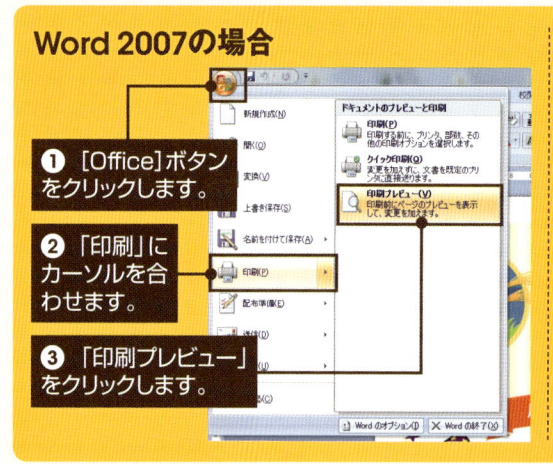

Word 2003の場合

① 「ファイル」メニューをクリックします。

② 「印刷プレビュー」をクリックします。

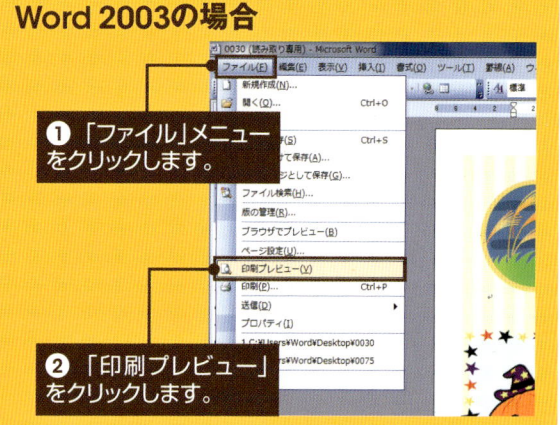

チェック！

両面印刷をするには

プリンタによっては両面印刷設定のある機種もありますが、片面印刷しかできないプリンタでも、手動で両面印刷が可能です。印刷のプレビュー画面の「設定」で「手動で両面印刷」を選択します。この設定で印刷を開始すると、まずは奇数ページが印刷されます。その後、用紙を裏返してセットするようメッセージが表示され、セットが完了すると偶数ページの印刷が開始されます。偶数ページを印刷するときに、用紙を差し込む向きを間違えないように気をつけましょう。

Word2007／2003の場合

「印刷」画面で「手差し両面印刷」にチェックします。

プリンタで印刷する

01 印刷設定画面を表示する

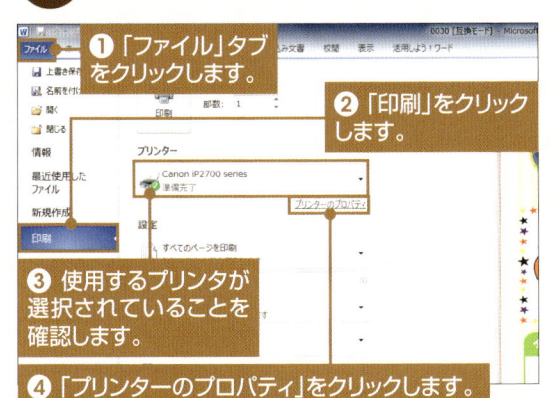

❶「ファイル」タブをクリックします。
❷「印刷」をクリックします。
❸ 使用するプリンタが選択されていることを確認します。
❹「プリンターのプロパティ」をクリックします。

Word 2007の場合

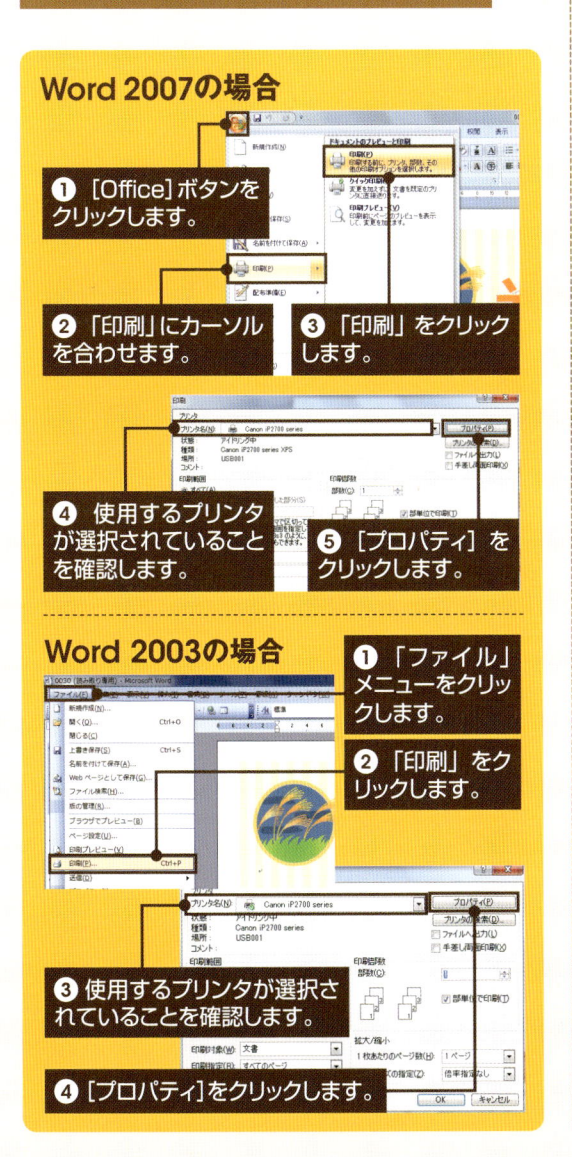

❶ [Office]ボタンをクリックします。
❷「印刷」にカーソルを合わせます。
❸「印刷」をクリックします。
❹ 使用するプリンタが選択されていることを確認します。
❺ [プロパティ]をクリックします。

Word 2003の場合

❶「ファイル」メニューをクリックします。
❷「印刷」をクリックします。
❸ 使用するプリンタが選択されていることを確認します。
❹ [プロパティ]をクリックします。

02 用紙の種類を設定する

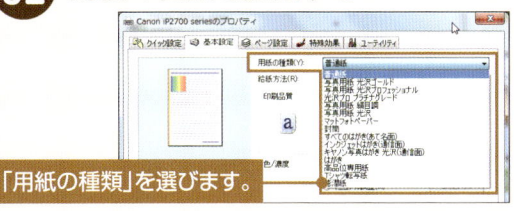

「用紙の種類」を選びます。

03 用紙のサイズを設定する

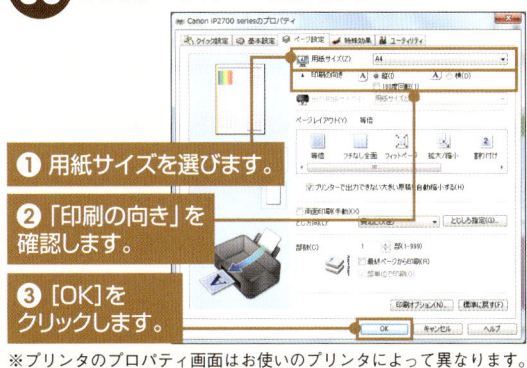

❶ 用紙サイズを選びます。
❷「印刷の向き」を確認します。
❸ [OK]をクリックします。

※プリンタのプロパティ画面はお使いのプリンタによって異なります。ここでは、「Canon iP2700 series」で解説しています。

チェック！
フチなし印刷について

プリンタによっては、フチなし印刷に対応している機種があり、プロパティ画面で「フチなし印刷」の設定が行えます。設定方法は機種によって異なりますので、ご使用の機種のマニュアルを参考にしてください。

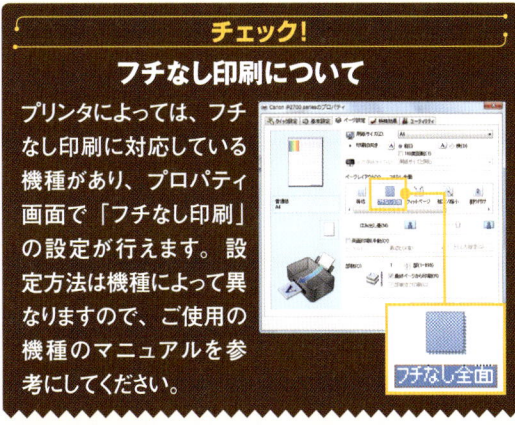

---

04 印刷を開始する

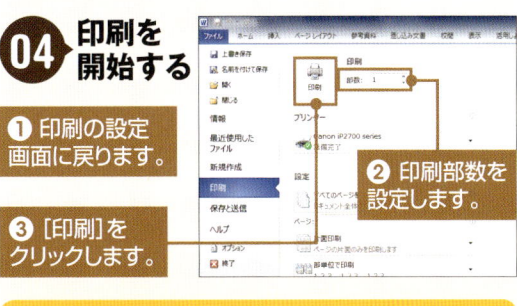

❶ 印刷の設定画面に戻ります。
❷ 印刷部数を設定します。
❸ [印刷]をクリックします。

Word 2003の場合

「印刷」画面に戻り、印刷部数を設定して [OK] ボタンをクリックします。

こんなときどうする?

Wordを使っていて、よく起こるトラブルや問題にお答えします。ちょっと困った、という時に役立ててください。おたよりを作るときのコツも解説しますので、ぜひ参考にしてください。

Q イラストや文字を追加したら、他のイラストやテキストが見えなくなった

A 重なり順を変更してみましょう

イラストやテキストなどの新しいオブジェクトを追加すると、元からあったイラストやテキストが見えなくなったり、かぶって表示されることがあります。その場合は重ね順を変えると、隠れたイラストなどが出てきます。また、オブジェクトのサイズを変更したり移動したりするなど、配置する場所にも気をつけましょう。

このページもチェック!
P.113 ▶ イラストのサイズを変更する
P.115 ▶ 画像が常に前面にくるように設定する

重なり順を変更する

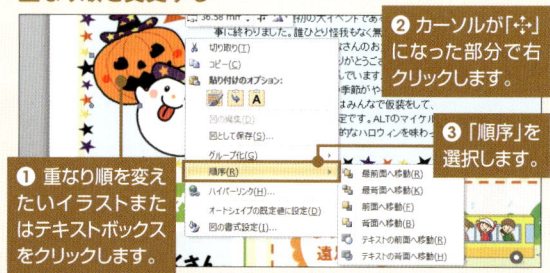

① 重なり順を変えたいイラストまたはテキストボックスをクリックします。
② カーソルが「✥」になった部分で右クリックします。
③ 「順序」を選択します。

チェック! 画像や図形の重なり順の仕組みについて

テキストボックスやイラストなどの配置は、用紙の文章面に対して、「前面」「文章面(行内)」「背面」の3ヵ所から選びます。文章面の行内では、イラストや文字を重ねることはできません。本書のテンプレートでは、背景は「背面」、その他のものは「前面」に配してあります。また、重ね順は挿入したものから順に重なっていきます。1からおたよりやポスターを作るときは、一番下となる背景面から配置を行うと、作業がスムーズに進みます。

前面
文章面
背面

Q イラストがきれいに配置できない

A 「配置」機能を使ってみましょう

複数のイラストを一列に並べていると、高さや間隔がズレて見にくくなってしまうことがよくあります。この場合は「配置」機能を使いましょう。「○○揃え」は、イラストを上下、左右、中央のどれかに揃えて並べられます。「○○に整列」は、3つ以上のイラストの上下または左右の間隔を均等にあけて並べられます。

イラストを配置する

① 「Shift」キーを押しながら、複数のイラストをクリックして選択状態にします。
② 「書式」タブをクリックします。
③ 「配置」をクリックします。

Word 2003の場合
「図形描画」ツールバーの「図形の調整」をクリックし、「配置/整列」を選択します。

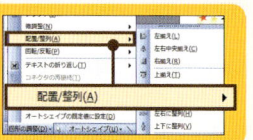

Q 画像を拡大/縮小したらゆがんだ

A [Shift]キーを押しながら操作を行いましょう

画像が歪んでしまったら、「図のリセット」で元のサイズに戻してから、作業をし直しましょう。イラストを拡大/縮小するときに、[Shift]キーを押しながら操作を行うと、縦横比を固定したまま拡大/縮小ができます。写真や図形、ワードアートもイラストと同様の操作で縦横比を固定しながら拡大/縮小できます。

このページもチェック!
P.113 ▶ イラストのサイズを変更する

イラストをリセットする

① リセットしたいイラストをダブルクリックします。
② 「図のリセット」をクリックします。

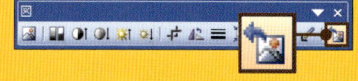

Word 2003の場合
「図」ツールバーの「図のリセット」をクリックします。

Q ごちゃごちゃして見づらい
A 情報を整理して配置しましょう

おたよりやポスターを作ったら、なんだか見にくくなることがあります。必要な情報以外の要素が多いと、ごちゃごちゃになりがちです。また、文字が多すぎても見にくくなります。見やすいおたよりを作るときのポイントをピックアップしましたので、参考にしてください。視覚的にわかりやすいおたよりを心がけて作ってみましょう。

イラストの数を増やさない
イラストは、おたよりやポスターをにぎやかにするアイテムですが、あまり多いとうるさくなってしまいます。あまり数を多くせずに、ワンポイントとして使うようにしましょう。

多くの色を使わない
紙面がカラフルだと、読むのに目が疲れてしまいます。派手だと感じたら、薄い色に変えてみたり、使用する色の数を減らしてみましょう。

見出しのフォントサイズを大きくする
見出しは、内容を一目で伝えるための重要なポイントです。特に重要な見出しは、「ワードアート」機能を使用するなどして、目立たせるといいでしょう。

本文のフォントサイズをそろえる
本文のフォントサイズをそろえると統一感のあるおたよりになります。また、読みやすくもなります。

伝える内容ごとにまとめる
「オートシェイプ」機能をはじめ、素材の飾りケイやフレームを使って、内容ごとに区切りをつけましょう。

Q モノクロ印刷がうまくできない
A 背景を削除したり、イラストを変更してみましょう

本書にはモノクロバージョンのテンプレートも収録してありますが、プリンタや用紙によっては、きれいに印刷できない場合があります。特に、濃い目のスミ色の背景やイラストを使っているテンプレートをわら半紙などの低品質の紙でプリントすると、文字やイラストがつぶれがちです。その場合は、背景を削除したり、イラストを変更してみたりしましょう。コントラストや明るさを変えてみるのも効果的です。また、モノクロ印刷をするときはプリンタの設定を「モノクロ印刷」にしておきましょう。

イラストのコントラスを変更する
① コントラストを変更したいイラストをダブルクリックします。
② 「コントラスト」をクリックします。

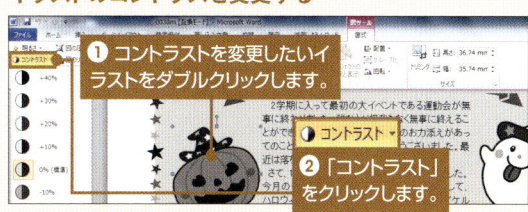

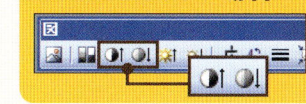

Word 2003の場合
「図」ツールバーの[コントラスト(強)]と[コントラスト(弱)]で調整します。

このページもチェック!
P.116 ▶ 写真の明るさを調整する　P.124 ▶ プリンタで印刷する

Q 拡大／縮小して印刷したい
A プリンタの設定で印刷の倍率を変更しましょう

本書のテンプレートは、すべてA4サイズ対応となっています。A4サイズ以外の用紙に印刷したいときは、プリントするときに用紙サイズと倍率を変更しましょう。A4サイズから各サイズへと拡大／縮小するときの倍率を記載しますので、参考にしてください。

このページもチェック!　P.124 ▶ プリンタで印刷する

A4サイズから各種サイズへ拡大／縮小率

原稿サイズ	B5	B4	A3	B3	A2
仕上がりサイズ(%)	86	122	141	173	200

127

Staff

編集・制作
primary inc.,
http://primary-inc.jp

アートディレクション
山田幸廣

表紙デザイン
工藤雅也

本文デザイン
工藤雅也／今井信人／山口勉／
桂田和昭／吉田竜也／岡田陽子

編集
松田有美／伊藤京子／高田麻衣子

テンプレートデザイン
森高彩子／坂元陽／安楽育代／
羽地昌子／加藤純子／東妻詩織／
仙次織絵／今井信人／平之山聡子／
山口勉／桂田和昭／吉田竜也／
岡田陽子／佐野まなみ

制作協力
松尾美恵子(株式会社鷗来堂)／
小林直子／村治奈保美

イラストレーター
すがゆりか／クボトモコ／かとうようこ／
古賀久美／まるやまゆきこ／後藤直子／
なかまえいくみ

本書内容に関するお問い合わせについて

このたびは翔泳社の書籍をお買い上げいただき、誠にありがとうございます。弊社では、読者の皆様からのお問い合わせに適切に対応させていただくため、以下のガイドラインへのご協力をお願い致しております。下記項目をお読みいただき、手順に従ってお問い合わせください。

ご質問される前に

弊社Webサイトの「正誤表」をご参照ください。これまでに判明した正誤や追加情報が掲載されています。
[正誤表] http://www.shoeisha.co.jp/book/errata

ご質問方法

弊社Webサイトの「出版物Q&A」をご利用ください。
[出版物]Q&A http://www.shoeisha.co.jp/book/qa/
インターネットをご利用でない場合は、FAXまたは郵便にて、下記"翔泳社 愛読者サービスセンター"までお問い合わせください。電話でのご質問は、お受けしておりません。

郵便物送付先およびFAX番号

[送付先住所] 〒160-0006 東京都新宿区舟町5
[FAX番号] 03-5362-3818
[宛先] (株)翔泳社 愛読者サービスセンター

ご質問に際してのご注意

本書の対象を越えるもの、記述個所を特定されないもの、また読者固有の環境に起因するご質問等にはお答えできませんので、あらかじめご了承ください。

**パパッとできる!
先生と保護者のためのプリント&イラスト集**

2013年3月11日 初版1刷発行

[著者] プライマリー
[発行人] 佐々木 幹夫
[発行所] 株式会社 翔泳社 (http://www.shoeisha.co.jp)
[印刷・製本] 株式会社廣済堂

© 2013 primary inc.,

本書は著作権法上の保護を受けています。本書の一部または全部について(ソフトウェアおよびプログラムを含む)、株式会社 翔泳社から文書による許諾を得ずに、いかなる方法においても無断で複写、複製することは禁じられています。
本書へのお問い合わせについては、上記記載の内容をお読みください。
落丁・乱丁はお取り替えいたします。
03-5362-3705 までご連絡ください。

ISBN978-4-7981-3032-3 Printed in Japan